하나님을
영화롭게 하는
비즈니스

하나님을
영화롭게 하는
비즈니스

지은이_ 웨인 그루뎀 | 옮긴이_ 배응준 | 펴낸이_ 김혜정 | 기획위원_ 김건주

교정교열_ 강민영 | 마케팅_ 윤여근, 정은희 | 디자인_ 한영애

초판1쇄_ 2017년 7월 26일 발행 | 초판10쇄_ 2025년 8월 26일 발행

펴낸곳_ 도서출판 CUP | 등록번호_ 제395-3070000251002001000021 (2001.06.21.)
(10594) 경기도 고양시 덕양구 동축로 70, B동 A604호 (현대프리미어캠퍼스 지축역)
T.(02)745-7231 F.(02)6455-3114 | 이메일_ cupmanse@gmail.com
www.cupbooks.com

Business for the Glory of God
Copyright ⓒ 2003 by Wayne Grudem, Published by Crossway
a publishing ministry of Good News Publishers, Wheaton, Illinois 60187, U.S.A. All rights reserved.

This Korean translation edition 2017 by CUP, Seoul, Republic of Korea. Published by arrangement with Crossway through rMaeng2, Seoul, Republic of Korea.

이 한국어판의 저작권은 알맹2 에이전시를 통하여 Crossway와 독점 계약한 도서출판 CUP에 있습니다. 신 저작권법에 의하여 한국 내에서 보호 받는 저작물이므로 무단 전재와 무단 복제를 금합니다.

ISBN 978-89-88042-83-0 03230 Printed in Korea
파손된 책은 구입한 서점에서 교환해 드리며 책값은 뒤표지에 있습니다.

11가지 비즈니스 행위에 관한 성경적 원리

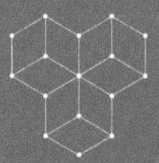

웨인 그루뎀 지음
배응준 옮김

하나님을 영화롭게 하는 비즈니스

CUP

Business for the Glory of God

The Bible's Teaching on the Moral Goodness of Business

Wayne Grudem

조샘 | 인터서브 코리아 대표, Center for Business as Mission 공동 대표, BAM Global Think Tank 조직위원

초대교회의 복음은 사회 밖에서 천명되지 않았다. 하나님을 향해 콧대가 높아진 제국 한가운데서 그리스-로마 문화와 다른 형태로 살아가는 하나님 나라의 삶의 방식으로 선포되었다.

우리의 복음은 시대의 문화와 대결을 피할 수 없다. 그 대결은 시대의 문화를 부인하고 떠난다고 해서 끝나지 않는다. 복음서와 서신서들은 그리스-로마 문화 속 삶에서의 다양한 이슈들에 대해서, 믿음으로 적극적으로 살아내는 방식을 제안한다. 미래 완성될 하나님 나라에 대한 믿음이 오늘날 일상에서 믿음으로 구현될 때, 우리들의 삶은 그 자체가 이미 임한 하나님 나라의 선포가 된다. 현재의 자본주의 경제와 비즈니스 문화는, 로마의 제국성 이상으로, 다양한 국가와 민족 위에 군림하며 자본의 논리로 사람들의 삶을 규정하고 있다.

이 책에서 저자는 비즈니스 문화 속에서 살아갈 때 겪게 되는 구체적인 이슈들을 미래적 관점을 끌어와 긍정적으로 설명하고 있다. 이 책이 갖는 일관성 있는 태도는, 다양한 삶의 방식은 기본적으로 하나님의 선물이고 귀한 것들이기에, 하나님의 도우심으로 선하게 사용하면 하나님의 영광을 위해서 사용될 수 있다는 것이다. 비즈니스나 돈은 단순히 중립적인 것이 아니라, 하나님이 주신 선물이며, 그것을 감사하고 귀하게 누리고 사용해야 한다는 주장은, 현재의 자본주의 체제 자체에 대한 긍정은 아니다. 그보다는 완성될 하나님 나라의 관점에서 본 우리 문화에 대한 믿음의 고백이다. 그 고백은 분명하고 단순하기에 힘이 있다. 이 믿음의 고백이 하나님을 대적하여 적그리스도적 성격을 띠고 있는 이 악한 비즈니스의 세계 가운데, 실제 삶으로 살아낼 새로운 세대의 등장으로 이어지길 간절히 소망한다.

김선일 | 웨스터민스터대학원대학교 실천신학 교수

우리 사회의 구조는 비즈니스로 촘촘하게 얽혀 있다. 그동안 교회와 교인들은 비즈니스와 어색하게 동거해 왔다. 비즈니스에는 기껏해야 교회가 하는 좋은 일을 위한 재원 공급처 정도의 가치만 부여되었다. 저명한 조직신학자인 저자는 이 정도의 옹색한 비즈니스관에 만족하지 않고 '하나님의 영광을 위한 비즈니스'라는 거침없는 선언을 한다. 그리고 11가지의 구체적인 비즈니스 실천 주제에 관한 신학적 정당성과 아울러, 그것들이 어떻게 죄로 인해 오용될 수 있는지를 동시에 경고한다. 저자는 하나님을 영화롭게 하는 삶을 살고, 세계의 빈곤을 해결하기 위해 비즈니스로 뛰어들라고, 비즈니스를 통해 하나님 닮기를 경험할 수 있다고 우리를 독려한다. 이쯤 되면 이 책은 가히 비즈니스 신학 헌장이라 할만하다. 내용은 대단히 명쾌하고 현실적이며 신학과 현장을 매끄럽게 연결하고 있다. 모든 직장인들과 사업가들, 그리고 사역자들이 꼭 읽어야 할 신학적 비즈니스 사용 설명서이다.

김건주 | 한국변화경제연구소 소장

비즈니스 현장은 전쟁터다. 고상한 이론이나 멋진 전략을 실험해볼 만한 여유가 있는 공간이 아니다. 상황이 이러함에도 그리스도인이 비즈니스 현장에서 어떻게 살아야 하는지를 다룬 그간의 책들은 지나치게 낭만적이었다. 더러 현장의 성공 사례를 다룬 책들을 통해 진짜 이야기를 만날 수 있었지만, 감동을 얻을 수는 있어도 해답을 얻는 것은 어려웠다. 세상과 비즈니스는 잘 어울리는 조합이어도 그리스도인과 비즈니스는 어울리기 어려운 조합처럼 느껴진다. 늑대가 득실거리는 곳으로 보냄 받은 양의 모습이 비즈니스 현장에 있는 그리스도인의 현실이다. 세상을 등지고 떠나면 고민이야 사라지겠지만, 그것은 우리 정체와는 정반대의 길이다. 우리는 세상 중앙으로 들어가 하나님 나라의 백성으로 살아야 한다. 하나님 나라 백성의 세상살이 한가운데 자리하고 있는 것이 비즈니스다. 이런 우리에게 현실에 타협하지 않고 비즈니스 행위를 할 수 있는 성경적 원리를 전달하는 것이 이 책의 목적이다. 이 책은 11가지 비즈니스 행위에 관한 성경적 원리를 다루고 있다. 딱딱하고 이상적 이론을 다루는 책이 아닐까 염려하지 않아도 된다. 저자는 조직신학자이지만 비즈니스 현장에서 만난 동료이자 선배처럼 말을 걸어온다. 저자는 우리를 '하나님을 영화롭게 하는 비즈니스'로 초대한다. 저자의 초대가 참으로 반갑고 고맙다. 매일 전쟁터 같은 비즈니스 현장에서 수고하는 길벗들에게 이 책의 일독을 권한다. 건조한 사막에서 만나는 오아시스처럼 이 책이 그렇게 읽히길 기대한다.

윌리암 폴라드 | The ServiceMaster Company 명예 회장
비즈니스의 목적과 의미를 아주 사려 깊게 다시 짚어주며, 비즈니스를 하면서 하나님을 경외하고 그분을 영화롭게 하는 길을 찾는 신선한 방식을 제시하는 책이다.

데이브 브라운 | 렌즈 크레프터 CEO 역임, Family Christian Stores CEO
비즈니스라는 삶의 영역이 어떻게 하나님을 섬기고, 어떻게 영원을 바라보며 살 것인지를 판가름해주는 결정적인 부분이 될 수 있다는 사실을 상기시켜 주다니, 얼마나 놀라운가!

제임스 펠로우 | 펠로우 주식회사 CEO
비즈니스 세계와 믿음의 삶을 통합하라고 중간중간 도전하면서, 그루뎀은 이 책을 통해 비즈니스 리더십의 기초를 쉽게 이해하도록 도와준다.

데이비드 페인 | 워싱턴 D.C. 미국 상무부, 경제학자
기업과 정부와 이데올로기가 인간의 비즈니스 활동 영역의 소유권을 주장하는 것에 효율적으로 반박하면서, 비즈니스가 어떻게 하나님의 영광과 우리의 선을 위한 하나님의 계획이 되는지를 간단명료하면서도 섬세하게 서술한다.

스테판 하펠 | 애리조나 주립대학 경제학 교수

그리스도인들은 자기 이익을 선택할 때, 사유 재산을 취득할 때, 그리고 수익을 내고자 하는 동기를 가질 때 너무나 자주 죄책감에 빠진다. 웨인 그루뎀은 그 일들이 어떻게 도덕적인 삶을 향한 하나님의 계획의 일부가 되는지를 명쾌하게 보여준다. 얼마나 탁월한 통찰인가!

마이크 시어시 | 애리조나주 피닉스의 Ronald Blue & Co. 상무이사

그루뎀 박사는 우리의 비즈니스 활동이 어떻게 하나님을 영화롭게 하는 독특한 기회가 될 수 있는지를 선명하게 제시한다. 그가 내린 결론은 통찰력 있고, 매우 귀중하며, 설득력 있다. 나는 이 책을 재충전용 필독서로, 1년에 한 번씩 읽고, 일의 윤리를 담은 골로새서 3장 23~24절 말씀을 실천하는 동력으로 삼을 것이다.

리처드 츄닝 | 박사, 존 브라운 대학 전속 특훈교수 Distinguished Scholar

이 책은 하나님께서 그들 가운데 두신 비즈니스 종사자들을 사랑하는 모든 사역자들이 꼭 읽어야 할 책이다. 비즈니스를 하는 모든 이들은 하나님의 말씀을 비즈니스 영역에 적용할 수 있도록 눈을 띄워준 웨인 그루뎀의 책을 읽고 축복과 격려를 받을 것이다. 이 책은 비즈니스 영역에서 주를 섬기도록 부름받은 사람들을 위한 하나님의 영광스런 계획들로 흠뻑 젖어 있다.

배리 애스무스 | 박사, 미국 국립 정책 분석 센터 NCPA의 수석 경제학자

경제적 삶과 영적 삶을 상호 연결한 뛰어난 식견이 돋보이는 책이며, 비즈니스가 과연 하나님을 경외하고 하나님을 영화롭게 하는 활동인지 의심하는 사람들을 위한 필수 해독제이다.

수년 동안 나는 경제와 관련된 광범위한 질문에 대해 성경의 가르침을 연구하고 강의했다. 부와 가난, 저축과 나눔, 일과 여가, 구매와 판매, 차용과 대출, 그리고 생산적인 목적을 위한 지구의 자원 사용과 같은 주제들이었다. 성경은 이런 주제들에 대해 많은 이야기를 하고 있으며 이 소책자보다 훨씬 방대한 책을 내서 철저하게 다뤄볼 만하다.

그러나 방대한 그 책을 아직 끝내지도 못했는데, 기아대책단체 Food for the Hungry의 전대표인 테드 야마모리가 이 주제들 중 몇 가지를 비즈니스 활동에 구체적으로 적용하는 방식에 관한 논문을 발표하라며 나를 설득했다. 그의 제안에 동의한 나는 기업가들을 위한 컨퍼런스에서 "비즈니스 자체로 하나님께 영광 돌릴 수 있는 방법"How business in itself can glorify God이라는 제목의 논문을 발표했다. 그 컨퍼런스는 야마모리 박사가 소집한 것으로

2002년 10월 3일부터 5일까지 리전트 대학의 경영 대학원에서 열렸다. 이 책은 그때 발표한 논문에 살을 더 붙인 것이다.

이 주제들을 생각하도록 도움을 준 분들과 이 원고를 쓸 때 여러 제안을 해준 분들에게 감사를 전하고 싶다. 배리 애스무스, 제리 브록, 데이비드 브라운, 다이아나 마넨, 스테판 하펠, 데이비드 페인, 스티브 울만, 그리고 수업 시간에 열띤 토론을 해준 많은 학생들이 바로 그들이다. 데이비드 코터에겐 특별히 더 큰 감사의 마음을 전하고 싶다. 코터는 현명하고 지혜로운 학생이었는데(현재는 일리노이주 트리니티 대학 경제학과 겸임 교수), 경제학과 비즈니스에 관한 그의 지식과 경험은 나의 사고의 폭을 넓히는 데 크게 기여했으며 내가 지금껏 쓴 글에 지대한 영향을 끼쳤다.

또한 1981년부터 2001년까지 내가 강의했던 트리니티 복음주의 신학교와 (내가 지금 가르치고 있는) 피닉스 신학교의 교직원들과 이사회에도 감사드리고 싶다. 두 신학교가 내게 안식년 휴가를 준 덕분에 성경의 원리와 경제적 가치에 관한 방대한 책을 계속 쓸 수 있었다. 그리고 교회 연합 단체인 Sovereign Grace Ministries에도 감사를 전하고 싶다. 이 단체는 내게 용기를 북돋아 주고, 이 방대한 연구 프로젝트에 필요한 추가 연구 지원에 드는 자금을 후원해 주었다. 그 연구를 통해 내가 이 책에서 제시한 간략한 개요의 배경을 상당 부분 얻을 수 있었다.

나는 이 책을 나의 아버지 아덴 그루뎀에게 바친다. 비즈니스에 쏟은 아버지의 수고와 너그러운 성품 덕분에 그분의 현명한 조언을 따라, 아버지보다 훨씬 더 많은 형식적 교육을 받을 수 있었다. 나의 전 생애를 통해 다른 사람들로부터 그분의 비즈니스 거래 행위가 얼마나 하나님을 경외하고 하나님을 영화롭게 했는지를 들을 수 있었다. 또한 나의 어머니 진 그루뎀에게 이 책을 바친다. 놀랍도록 너그럽고, 친절하고, 정직하며, 희생적이고, 전 생애를 통해 하나님을 영화롭게 했던 어머니의 삶은 내가 어떤 인물이 되어야 할지에 대한 강력한 삶의 모델이 되어 주셨다.

애리조나 스코츠데일에서 **웨인 그루뎀**

목차

추천의 글 _5
저자 서문 _13
프롤로그 하나님을 영화롭게 하는 길이었으나 방치된 길 _19

1. 소유권 • Ownership _31

2. 생산성 • Productivity _43

3. 고용 • Employment _53

4. 상거래 • Commercial Transactions _61

5. 이윤 • Profit _71

6. 돈 • Money _81

7. 소유 불균형 • Inequality of Possessions _89

8. 경쟁 • Competition _107

9. 차용과 대출 • Borrowing and Lending _119

10. 마음의 자세 • Attitudes of Heart _133

11. 세계 빈곤에 미치는 영향 • Effect on World Poverty _139

후주 _149

**Business for the
Glory of God**

하나님을 영화롭게 하는 길이었으나 방치된 길

비즈니스는 근본적으로 선한가, 아니면 악한가?

오늘날 많은 사람들에게 '이윤, 경쟁, 돈 등의 용어는 물론 '비즈니스'business라는 단어조차 도덕적인 의미에서 부정적인 의미로 들린다. 비즈니스를 하는 사람들은 죄책감이라는 희미한 구름 아래에서 괴로워할 때가 많다. 비즈니스가 필요하긴 하지만, 도덕적 관점에서 보았을 때 잘해야 '중간'밖에 가지 못한다는 생각 때문이다. 비즈니스 자체가 도덕적으로 선하다고 생각하는 사람은 거의 없다.

엔론Enron, 미국 최대의 에너지 기업. 2000년도 미국의 7대 기업으로 선정되었으나 분식회계, 주식 내부자 거래, 주가 조작 등 회계부정 사건으로 2001년에 파산했다. - 역자 주이나 과거 세간의 존경을 받았던 아더 앤더슨Arthur Andersen, 기업의 회계와 경영 컨설팅을 전문으로 하는 회계법인. 엔론의 회계감사 법인으로 엔론과 합작해 분식회계 비리를 저질렀다. - 역자 주 같은 대기업이 자행한 부정직하고 비합법적인 행위 등 비즈니스 세계에서 발생한 추악한 비리들은 비즈니스에 비리를 지향하는 속성이 내재되었을지 모른다는 의혹을 강화시켰다. 비즈니스는 곧 '의혹'이란 칙칙한 구름을 벗어나지 못한다. 그런데 정말 그럴까?

"하나님을 영화롭게 하려면 어떻게 해야 할까?"라는 질문에 "비즈니스에 뛰어들라!"라고 대답하는 사람은 거의 없다. "어떤 직업을 가져야 하나님의 이름을 영광스럽게 할까요?"라고 묻는 학생에게 "비즈니스에 뛰어들라!"라고 대답하는 사람도 거의 없을 것이다. 처음 만난 사람이 "저는 이런저런 비즈니스에 종사하고 있습니다"라고 설명할 때, "훌륭한 직업으로 하나님의 이름을 영화롭게 하시네요!"라고 반응하는 사람도 거의 없다.

그러나 나는 이 책에서 바로 그 비즈니스를 통해 하나님을 영광스럽게 할 수 있음을 주장하려고 한다. 또한, 비즈니스가 비리와 부정으로 흐를 개연성이 다분하지만, 비즈니스 행위의 많은 국면이 도덕적인 면에서 그 자체로 선하며, 하나님을 영광스럽게 한다는 점을 논할 것이다.

대개 사람들은 "하나님을 영광스럽게 한다"라는 표현이 교회에나 어울리지 비즈니스 세계에서는 적절하지 않다고 느낀다. 사람들은 "하나님을 영광스럽게 한다"라는 말을 들으면, 하나님께 찬양하고 감사하는 예배나, 사람들에게 하나님에 관해 이야기함으로써 하나님을 영화롭게 하는 전도를 연상한다. 전도와 구제 사역, 예배당 건축 헌금으로 하나님을 영화롭게 하는 일을 연상하기도 하고 하나님을 공경하며 사는 윤리적인 생활이나 기도와 일상 속에서 마음으로 하나님을 의지하는 신앙의 삶을 연상한다. 예배와 전도, 구제, 윤리적인 생활, 신앙의 삶, 이 다섯 가지는 분명히 하나님의 이름을 영화롭게 하기 위한 합당한 방법이다. 그러나 이 책에서는 그런 것들에 초점을 맞추지 않겠다.

그 대신 나는 비즈니스 자체에 초점을 맞출 것이다. 말하자면 교회가 수행하는 사역에 비즈니스가 기여할 수 있는 몫 같은 내용은 다루지 않겠다는 것이다. 나는 다음 11가지 비즈니스 행위의 구체적인 국면들에 초점을 맞출 것이다.

① 소유권 Ownership
② 생산성 Productivity
③ 고용 Employment
④ 상거래 Commercial transactions
⑤ 이윤 Profit
⑥ 돈 Money
⑦ 소유 불균형 Inequality of possessions
⑧ 경쟁 Competition
⑨ 차용과 대출 Borrowing and lending
⑩ 마음의 자세 Attitudes of heart
⑪ 세계 빈곤에 미치는 영향 Effect on world poverty

본격적으로 논의에 들어가기에 앞서 예비 과정으로 두 가지 요점을 살펴보겠다. 첫째는 하나님 닮기에 관한 것이고, 둘째는 도덕적 잘못 혹은 죄에 관한 것이다.

✜ 하나님 닮기: 하나님은 우리 삶에 그분의 성품이 나타나는 것을 기뻐하신다

우리는 하나님의 이름을 영화롭게 하는 한 가지 방법

을 종종 간과해왔다. 하나님의 이름을 영화롭게 하기 위한 이 특별한 방법은, 왜 하나님이 세상을 성경에 기록된 대로 창조하셨는지 이해하기 위한 열쇠다. 또한, 왜 하나님이 우리에게 도덕적인 명령을 주셨는지 이해하기 위한 열쇠이며, 왜 인간이 본능적으로 일하고 생산하고 발명하고 돈을 벌고 저축하고 베풀고자 하는 욕구, 즉 우리 일상을 가득 채우는 수천, 수만 가지 활동에 대한 욕구를 가졌는지 이해하기 위한 열쇠다. 하나님의 이름을 영화롭게 하기 위한 이 특별한 방법은 바로 '하나님 닮기', 즉 하나님의 성품과 속성을 닮는 것이다.

하나님은 우리가 그분을 닮도록 창조하셨다. 하나님은 우리가 그분의 놀라운 성품을 세상에 나타내는 것을 보기 위해 우리를 창조하셨다. 창세기 1장을 살펴보자.

"하나님이 자기 형상 곧 하나님의 형상대로 사람을 창조하시되 남자와 여자를 창조하시고"_창 1:27.

우리가 하나님의 형상대로 창조되었다는 것은 곧 우리가 하나님을 닮았으며 세상에서 하나님을 나타낸다는 것을 뜻한다. 이 말은 또한 하나님이 인간을, 세상의 어떤 피조물보다 하나님을 닮게 창조하셨음을 의미한다. 하나님은 우리가 하나님의 성품을 나타내는 것을 보실 때, 매우 흡족해하신다. 그래서 하나님이 아담과 하와를 창조하신 후에 지으신 모든 것을 보시고 심히 좋았다고 말씀하신 것이다(창 1:31).

하나님은 그분이 지으신 모든 것을 보고 기뻐하셨다. 그렇다. 모든 피조물이 하나님이 보시기에 좋았다. 그중에서도 하나님의 형상대로 창조된 인간은 더욱 그랬다.

바울이 에베소서 5장에서 "그러므로 사랑을 받는 자녀 같이 너희는 하나님을 본받는 자가 되고"(1절)라고 명령한 까닭은 바로 하나님이 우리를 보고 기뻐하시기 때문이다.

부모라면 자녀들이 당신의 훌륭한 품성을 닮고 따를 때나 당신이 본을 보이려고 노력하던 도덕적 기준을 따를 때, 그것이 얼마나 기쁘고 흡족한지 잘 알 것이다. 우리가 부모로서 그런 기쁨을 느낀다는 사실은, 하나님께서도 우리가 하나님의 자녀로서 하나님의 거룩한 성품을 닮아갈 때 얼마나 큰 기쁨을 느끼실지 희미하게나마 보여준다.

우리는 하나님을 닮는다는 개념을 통해 성경의 많은 명령을 더욱 분명하게 이해할 수 있다. 사도 요한은 "우리가 사랑함은 그가 먼저 우리를 사랑하셨음이라"(요일 4:19)라고 말했다. 우리는 사랑으로 행할 때 하나님의 사랑을 닮는다. "내가 거룩하니 너희도 거룩할지어다"(벧전 1:16)라는 말씀도 마찬가지다. 예수께서도 이와 유사한 맥락에서 "너희 아버지의 자비로우심 같이 너희도 자비로운 자가 되라"(눅 6:36)고 가르치셨으며, "그러므로 하늘에 계신 너희 아버지의 온전하심과 같이 너희도 온전하라"(마 5:48)고 말씀하셨다. 하나님은 우리가 그분을 닮기를 원하신다.

또한 우리는, 하나님이 우리를 보실 때 기뻐하시도록 하나님의 성품을 닮아야 한다는 이 개념을 통해 성경에 기록된 도덕적 명령을 더욱 분명히 깨달을 수 있다. 일례로, 하나님은 "거짓이 없으신"(딛 1:2) 분이기에 우리가 거짓말이 아니라 진리만 말하기를 원하신다. 하나님은 그분의 약속에 신실하시며 우리가 결혼서약에 충실한 것을 보고 기뻐하시는 분(말 2:14)이므로, 우리에게 간음하지 말라고 명령하신다. 그리고 하나님은 성자(聖子) 하나님이 성부(聖父) 하나님을 공경하듯, 모든 자녀가 부모를 공경해야 한다(출 20:12)고 명령하신다.

하나님은 우리가 그분의 성품을 닮고 싶어 하도록 우리를 창조하셨다. 또한 하나님은 우리가 우리 자신의 행위와 다른 사람들의 행위 속에서 하나님의 성품이 나타나는 것을 보고 기뻐하도록 우리를 창조하셨다. 비록 죄로 인해 이러한 과정이 훼손되었지만, 우리는 생활 속에서 이러한 과정이 나타나는 것을 어느 정도 느낄 수 있다. 진리를 말할 때(하나님이 진실하시므로), 타자를 공정하게 대할 때(하나님이 공의로우시므로), 타자를 사랑으로 대할 때(하나님이 사랑이시므로), 결혼서약에 신실하고 약속을 지킬 때(하나님이 신실하시므로), 우리는 깊고 풍성한 기쁨과 만족을 느낀다.

또한, 타자가 이렇게 행동할 때에도 우리는 기쁨을 느낀다. 그들의 행위 속에서 하나님의 성품을 볼 수 있기 때문이다. 이런 식으로 우리는 "그런즉 너희가 먹든지 마시든지 무엇을 하든지 다 하나님의 영광을 위하여 하라"(고전 10:31)는 명령을 완수할 방법을 깨닫기 시작한다.

✤ 죄는 하나님을 영화롭게 하지 못한다

그러나 말씀에 어긋나는 행위로 하나님을 영화롭게 하려고 노력하면 안 된다는 것을 깨닫는 게 절대적으로 중요하다. 예를 들어, 만일 누가 이웃을 해코지할 의도로 숨겨 있던 진실을 발설한다면, 그것은 하나님의 진실함을 닮음으로써 하나님을 영화롭게 하는 모습이 아니다. '진실함'이라는 하나님의 속성은 언제나 사랑의 속성을 포함하며, 하나님의 다른 속성들과 일관성을 유지한다.

또, 어떤 절도범이 치밀하고 정교한 계획으로 은행을 털었을 때, 그 도둑이 하나님의 지혜와 능력을 닮았다고 하나님을 찬양해서는 안 된다. '지혜'라는 하나님의 속성은 언제나 결코 악한 것과 어울릴 수 없는 하나님의 도덕적 성품과 사랑과 진실함의 속성과 일치되게 나타난다. 그러므로 우리는 성경에 기록된 하나님의 윤리 원칙에 모순되는 방식으로 하나님의 성품을 닮으려고 애쓰지 않도록 주의해야 한다.

❖ 이 책은 어떤 책인가?

 논의를 시작하기 전에 한 가지 더 일러둘 게 있다. 이 책은 '비즈니스 세계에서 부딪치는 어려운 윤리적 문제들을 시원하게 해결하는 방법'에 관한 책이 아니다. 그런 문제를 다루려면 이 책보다 더 두꺼운 분량이 필요하다. 앞으로 기회가 된다면, 비즈니스 세계에 몸담은 사람들이 일상에서 부딪치는 복잡한 윤리적 문제들에 대해 책을 쓰려고 한다.

 그러나 비즈니스 윤리라는 복잡한 문제를 다루기에 앞서, 우선 비즈니스를 구성하는 기본적인 구성요소들에 대해 이해하는 것이 매우 유용할 것이라 믿어 의심치 않는다. 이윤, 경쟁, 돈, 재산소유권 같은 것들이 언제나 악으로 얼룩져 있는 것일까? 아니면 그것들이 도덕적으로 중립성을 지닌 것들이어서 선하게 이용될 수도 있고 악하게 이용될 수도 있는 것일까?

 나는 이 책에서 이 두 가지 견해와는 현저히 다르게, 그것들이 하나님이 인간에게 주신, 기본적으로 선한 것들임을 주장할 것이다. 아울러 그것들이 악용될 유혹과 잘못으로 흐를 개연성을 다분히 지니고 있다는 점을 논할 것이다. 이 책이 너무 얇아 '비즈니스 윤리'의 회색지대에서 발생하는 모든 복잡한 문제를 다 해결할 수는 없을지도 모른다. 그러나 비즈니스 행위의 각 국면에는 명백히 옳은 것과 명백히 그른 것이 존재하므로, 그 내용도 이 책에서 다룰 것이다.

비즈니스가 하나님을 영화롭게 할 수 있는 특별한 방법

이제 우리는 비즈니스 행위의 구체적인 국면들을 살펴보고, 그것들이 어떻게 하나님을 영화롭게 하는 독특한 기회를 제공하는지 탐구할 것이다. 우리는 비즈니스 행위의 모든 국면에 죄의 길로 향하는 다양한 유혹이 있을 뿐 아니라, 하나님을 영화롭게 하기 위한 다양한 기회도 있다는 것을 발견할 것이다.

소유권 1

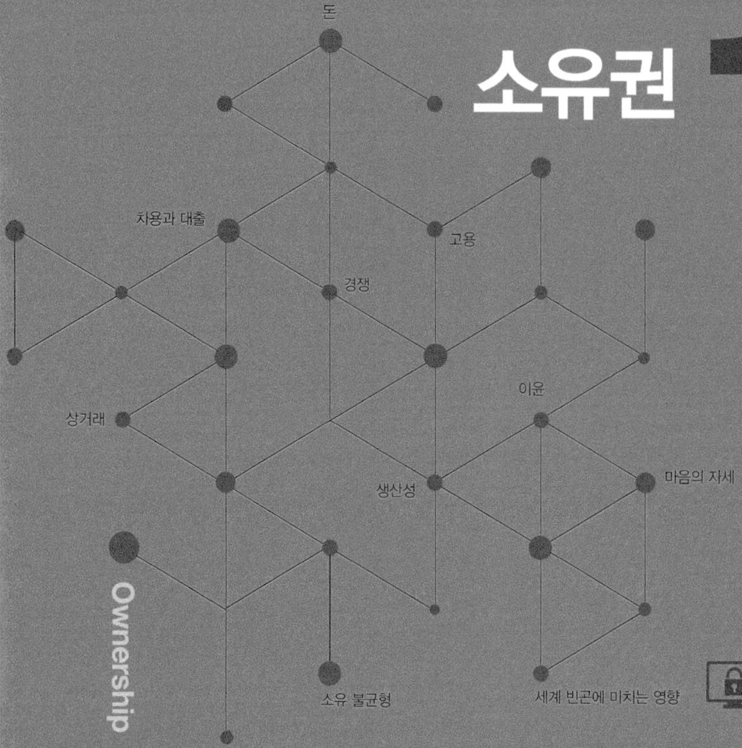

재산을 소유하는 것은 기본적으로 선하다.
그러나 그 소유에는 하나님을 영화롭게 할 기회뿐만 아니라
죄로 향하는 유혹도 뒤따른다.

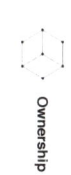

Ownership

때때로 사람들은 재산 소유를 도덕적으로 더러운, 일종의 '욕심'으로 간주해 완전한 세상에서는 누구든지 개인재산을 소유하지 않게 될 것이라 상상한다. 그러나 성경은 그러한 생각에 찬성하지 않는다. 하나님은 다음과 같이 명령하셨다.

"도둑질하지 말라"_출 20:15.

하나님이 이렇게 명령하신 것은, 하나님이 재산 소유의 타당성을 인정하셨다는 의미다. 나는 당신의 자동차를 훔치면 안 된다. 왜냐하면, 그 자동차는 내 것이 아니라 당신 것이기 때문이다. 만일 하나님이 우리가 개인적으로 재산을 소유하는 것을 바라지 않으셨다면, "도둑질하지 말라"는 명령을 하지 않으셨을 것이다.

하나님이 "도둑질하지 말라"라고 명령하신 까닭은, 재산 소유가 우주에 주권을 행사하시는 하나님의 주권을 닮아가기 위한 기본적인 방법이기 때문이라고 생각한다. 우리는 우주의 아주 작은 일부, 즉 우리가 소유한 물건에 주권을 행사함으로써 하나님의 주권을 닮게 된다. 우리가 재산을 소중하게 관리할 때, 우주 전체를 소중하게 관리하시는 하나님을 닮게 된다. 우리가 이런 식으로 하나님을 닮는 것을 하나님은 기뻐하신다. 이뿐 아니다. 우리가 재산을 소중하게 관리할 때, 지혜와 지식, 아름다움, 창의성, 타인에 대한 사랑, 친절, 정의, 독립성, 자유, 의지의 발현, 기쁨 등 하나님의 다른 많은 속성을 닮을 기회도 얻게 된다.

가끔 그리스도인들은 소유권을 '청지기 책무'로 간주해 우리가 현재 소유한 것들은 절대적으로 소유할 수 있는 게 아니라 단지 하나님께 속한 것들을 청지기로서 소중히 관리할 뿐이라는 사실을 상기시킨다. 그 까닭은 "땅과 거기에 충만한 것과 세계와 그 가운데에 사는 자들은 다 여호와의 것"(시 24:1)이기 때문이며, 궁극적으로 이 모든 것이 하나님께 속해 있기 때문이다(레 25:23; 시 50:10~12; 학 2:8; 눅 16:12; 고전 4:7).

아이들이 아주 어릴 때부터 자기 소유의 장난감을 갖고 싶어 하는 까닭이 무엇일까? 스스로 돌볼 수 있는 애완동물을 갖고 싶어 하는 까닭은 무엇일까? 그러한 소유욕구가 이기심과 나태라는 죄 때문에 왜곡될 수 있다. 하지만 우리가 죄 없는 세상에 산다고 할지라도, 아이들은 아주 어릴 때부터 자기 소유의 물건을 갖고자 할 것이다. 왜냐하면 하나님이 우리를 창조하실 때 물건을 소유하고자 하는 욕구도 함께 주셨기 때문이다. 하나님은 우리가 하나님의 주권을 닮고자 하는 욕구를 갖기를 원하신다. 따라서 이러한 욕구 자체를 '욕심'으로 간주하는 것은 옳지 못하다. 하나님이 우리에게 주신 '선한 욕구'를 '욕심'으로 평가절하해서는 안 된다.

우리가 네 살짜리 꼬마로서 장난감을 소중하게 돌보든, 마흔 살 사장으로서 큰 공장을 관리하든 책임감 있는 청지기로서 그 일을 '하나님께 하듯' 한다면, 하나님은 우리가 그분의 주권과 그분의 다른 속성을 닮고 있다는 것을 보실 것이며, 그로 인해 기뻐하실 것이다.

그리고 우리는 재산이 많거나 적거나, 작은 기업체를 소유했거나 큰 기업체를 소유했거나 이런 방식을 통해 세상에서 하나님을 닮은 사람, 하나님을 나타내는 사람, 하나님의 형상을 가진 사람이 될 것이다.

그렇다면 하나님을 영화롭게 하려면 우리는 우리의 재산으로 무엇을 해야 할까? 우리가 할 일은 참으로 많다. 재산을 유용하게 사용하는 한 가지 방법은, 매우 역설적이기는 하지만 주는 것이다! 자기 소유라고 자신만 사용할 것이 아니라 다른 사람들도 그것을 지혜롭게 사용하도록 배려해야 한다. 일례로, 교회에 헌금하여 전도와 교육을 돕거나 다른 사람들, 특히 궁핍한 사람들의 필요를 충족시킬 수 있다.

"오직 선을 행함과 서로 나누어 주기를 잊지 말라 하나님은 이 같은 제사를 기뻐하시느니라"_히 13:16.

성경은 받은 것을 규칙적으로 나누는 게 얼마나 중요한지 거듭 강조한다.

"네 재물과 네 소산물의 처음 익은 열매로 여호와를 공경하라"
_잠 3:9.

"범사에 여러분에게 모본을 보여준 바와 같이 수고하여 약한 사람들을 돕고 또 주 예수께서 친히 말씀하신 바 주는 것이 받는 것보다 복이 있다 하심을 기억하여야 할지니라"_행 20:35.

나누는 것이 중요하다. 왜냐하면 그것이 곧 하나님에 대한 신뢰를 입증하기 때문이다. 내가 타자를 위해 10만 원을 나누는 것은, "주님, 장차 제게 10만 원이 필요할 때에 주님이 공급해주실 것을 신뢰합니다. 저는 이 10만 원의 돈을 의지하지 않겠습니다!"라고 말하는 셈이다. 물질을 나눌 때, 우리 신뢰의 방향이 돈에서 하나님께로 전환된다. 이처럼 물질을 나누는 행위는 하나님을 신뢰함을 보여줄 뿐 아니라, 하나님의 사랑과 자비와 불쌍히 여기심을 나타낸다. 그래서 우리가 나눌 때 하나님은 매우 기뻐하신다.

"하나님은 즐겨 내는 자를 사랑하시느니라"_고후 9:7.

그렇다고 해서 우리가 가진 모든 것을 나누어야 하는 것은 아니다! 성경은 우리 재산을 도덕적으로 합당하게 사용하는 다른 방법에 관해서도 이야기한다. 트랙터를 소유한 사람은 옥수수나 콩을 재배함으로써 땅을 정복하는 데(창 1:28 참조), 즉 인류를 위해 땅을 유용하게 하는 데 그것을 사용할 수 있다. 트랙터보다 더 복잡한 장비를 소유한 사람은 땅에서 플라스틱이나 실리콘을 만드는 원재료를 얻어 컴퓨터나 휴대전화, PDA를 만드는 데 도움을 줄 수 있다.

때로 우리가 소유한 것을 다른 물건을 만드는 데 쓰지 않고, "오직 우리에게 모든 것을 후히 주사 누리게 하시는 하나님께"(딤전 6:17) 감사하는 마음으로 사용해야 하는 때도 있다.

미래의 용도를 위해 재산을 저축하는 것도 합당하다. 이렇게 하면 하나님이 말씀하신 대로(딤전 5:8), 미래에 친척과 특히 가족의 필요를 충족시킬 수 있다. 진정으로 하나님께 감사하는 심령을 갖고 있다면, 이 모든 용도를 통해 하나님을 영화롭게 할 수 있다.

그런데 재산 소유에는 하나님이 우리에게 위탁하신 재산을 우리 마음대로 악용하려는 유혹이 반드시 뒤따른다. 우리는 재산을 사용해 땅을 오염시키고 파괴할 수 있으며, 타자를 압제하고 강탈할 수 있다. 그럼으로써 "네 이웃을 네 자신 같이 사랑하라"는 예수님의 명령(마 22:39)을 거역할 뿐 아니라 하나님의 이름을 더럽힐 수 있다.

잠언 기자는 도둑질이 하나님을 닮는 것이 결코 아니며, 오히려 세상에 이기적이고 불공평한 하나님의 모습을 보여준다는 것을 알고 있었다. 그래서 그는 "혹 내가 가난하여 도둑질하고 내 하나님의 이름을 욕되게 할까 두려워함이니이다"(잠 30:9)라고 말했다.

1세기 초 몇몇 부유한 사람들이 그랬듯이 우리도 재산을 잘못 사용해 다른 사람들이 복음에서 등을 돌리게 하고, 교회를 공격하게 하는 결과를 만들 수도 있다.

"너희는 도리어 가난한 자를 업신여겼도다 부자는 너희를 억압하며 법정으로 끌고 가지 아니하느냐 그들은 너희에게 대하여 일컫는 바 그 아름다운 이름을 비방하지 아니하느냐" _약 2:6, 7.

그뿐 아니다. 우리는 재산을 이용해 교만을 키울 수 있다. 욕심이 과해져 재산 그 자체를 축적하는 데 탐닉할 수도 있다. 그릇되게 재물에서 영혼의 안위를 갈구할 수도 있다(마 6:19; 눅 12:13~21; 약 5:3). 궁핍한 사람들의 필요를 돌보지 않고(약 5:5; 요일 3:17) 사치와 향락에 빠져 재산을 어리석게 낭비할 수도 있다. 이런 것들은 분명 '이기주의'라 불릴 만한 것들이며, 이기주의는 어느 모로 보나 잘못된 것이다.

현재 전 세계 많은 지역에서 대다수 사람이 개인재산을 소유하고 관리하는, 하나님이 주신 멋진 특권을 제대로 누리지 못하고 있다. 어떤 문화권에서는 소수의 권력층이 재산소유권을 이기적으로 독점하고 있다. 정부의 규제가 지나치게 복잡하고 절차가 까다로워 가난한 사람이 부동산이나 기업체를 소유하는 것이 사실상 불가능하다.[1] 공산주의 국가에서는 주택이나 기업체를 개인적으로 소유하는 것을 법으로 금지하여 정부가 모든 공장과 부동산을 소유하고 있다. 이러한 제도는 악하다. 국민이 몇 가지 개인 물품 이상을 소유하지 못하게 하고, 그럼으로써 국민이 재산이나 주택이나 기업체를 소유함으로써 하나님을 영화롭게 할 기회를 얻는 것조차 막고 있다.

    이처럼 소유권은 남용될 수 있다. 그러나 어떤 선한 것이 왜곡될 수 있다고 해서, 그 자체가 악하다고 말하는 것은 옳지 않다. 재산은 그 자체로 악한 것이 아니며, 재산 소유도 그 자체로 그릇된 것이 아니다. 소유권 자체가 도덕적으로 중립적인 것도 아니다. 재산 소유 그 자체는 하나님이 창조하신 선한 것이다. 재산 소유는 하나님을 영화롭게 할 다양한 기회를 제공한다. 그래서 우리는 소유권을 주신 하나님께 감사해야 한다.

생산성 2

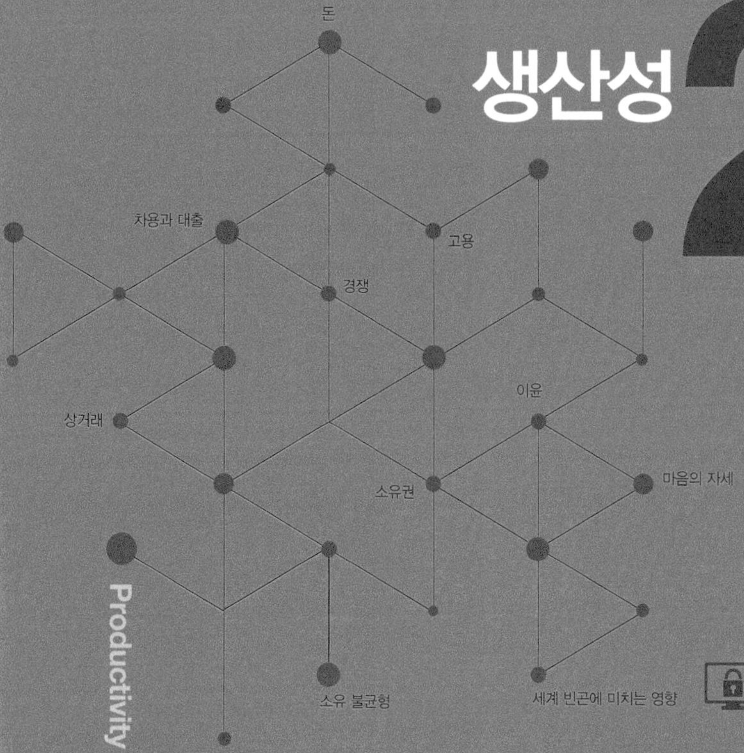

물건과 용역을 생산하는 것은 기본적으로 선하다.
그러나 생산에는 하나님을 영화롭게 할 기회뿐만 아니라
죄로 향하는 유혹도 뒤따른다.

Productivity

땅에서 물건을 생산하는 것이 기본적으로 선하다는 것을 우리는 잘 알고 있다. 하나님이 우리를 이 땅에 두신 목적 중 하나가 바로 그것이다. 죄가 세상에 들어오기 전, 하나님은 아담을 에덴동산에 두시고 그것을 "다스리며 지키게"(창 2:15) 하셨다. 하나님은 아담과 하와에게 이렇게 말씀하셨다.

"생육하고 번성하여 땅에 충만하라, 땅을 정복하라, 바다의 물고기와 하늘의 새와 땅에 움직이는 모든 생물을 다스리라" _창 1:28.

'정복하라'에 해당하는 히브리어는 '카바쉬'kābash 인데, 아담과 하와가 그들을 위해 땅을 유용하게 사용해야 한다는 것을 의미한다. 그들이 땅을 개발하여 농업 생산물과 가축을 소유하고, 나아가 집을 짓고, 물건을 정교하고 아름답게 만들고, 건축물을 짓고, 운송 수단을 만들고, 도시를 건설하고, 온갖 물건들을 발명하기를 하나님이 바라셨다는 것을 의미한다.

우리는 생활 주변에서 갖가지 생산품을 볼 때마다 하나님을 찬양하지 않을 수 없다. 만약 죄를 범하기 이전의 아담과 하와를 21세기 가정에 데리고 온다면, 과연 어떤 일이 벌어질지 상상해보자. 그들에게 옷을 입힌 뒤, 마실 물을 주려고 수도꼭지를 틀면 그들은 "그게 뭡니까?"라고 질문할 것이다. 수도꼭지를 돌리면 파이프에서 물이 나온다고 설명하면 그들은 "당신들이 수도 시설을 만들 수 있게 하나님이 이 땅에 재료들을 준비하셨단 말씀입니까?"라고 탄성을 지를 것이다.

"물론입니다"라고 우리가 대답하면, 그들은 "이렇게 멋진 땅을 주신 하나님을 찬양합니다. 인간들에게 수도 시설을 만들 수 있는 지혜와 기술을 주신 하나님을 찬양합니다!"라고 말할 것이다. 그들은 모든 것을 통해 영광을 받고자 하시는 하나님의 욕구를 민감하게 알아차릴 것이다.

냉장고도 그들의 입에서 하나님을 찬양하는 소리를 끌어낼 것이다. 전구도 신문도 전화도 오븐도 다 그럴 것이다. 그들의 심령은 이처럼 놀라운 재료들을 땅에 감추어놓으신 동시에 인간들에게 그 재료들을 다룰 만한 지혜와 기술을 주신 창조주께 감사하는 마음으로 벅찰 것이다. 그리고 아담과 하와의 심령이 하나님께 감사하는 마음으로 가득 찼을 때, 하나님은 그것을 보고 기뻐하실 것이다. 자기 형상대로 만들어진 남자와 여자가 창조주에게 영광을 돌리고 자신이 창조된 목적을 완수할 때 하나님은 흡족해하신다.

우리는 특별한 것이든 평범한 것이든 제조된 생산품을 바라볼 때, 우리가 땅의 자원을 활용해 그러한 것들을 만들었다는 사실을 통해 하나님이 이루신 창조의 신비를 또 한 번 발견하게 된다. 이 땅 말고 다른 어떤 행성에 이렇게 풍부하고 다양한 재료가 있을까?

> "거룩하다 거룩하다 거룩하다 만군의 여호와여 그 영광이 온 땅에 충만하도다"_사 6:3.

하나님은 우리를 재료가 필요하지 않은 존재나 타자의 도움이 필요하지 않는 존재로 만드실 수도 있었다. 천사들을 생각해보라. 천사들은 그러한 필요를 느끼지 않는다. 그러나 지혜의 하나님은 그렇게 하지 않으셨다. 하나님은 우리를 창조하시되, 그러한 필요를 느끼도록 창조하셨다. 이렇게 하신 까닭은 분명 우리가 '생산하는 과정에서' 하나님을 영화롭게 할 기회를 얻게 된다는 것을 아셨기 때문일 것이다.

이 땅에서 얻은 재료로 신발을 생산할 때, 하나님은 우리가 지혜와 지식, 기술, 힘, 창의성, 미적 감각, 주권, 미래에 대한 계획, 언어 사용 등 하나님의 속성을 닮아가는 것을 보신다. 이뿐 아니다. 우리가 다른 사람들을 위해 신발을 생산하는 것은 타인에 대한 사랑, 타인의 필요를 배려하는 지혜, 상호 의존과 인격적인 협동(성삼위 하나님의 존재방식이 이러하다)을 보여준다.

만일 우리가 "마음을 다하여 주께 하듯 하고 사람에게 하듯 하지 말라"(골 3:23)는 바울의 말을 따라 생산 활동을 한다면, 그래서 신발을 만들 때 우리 심령이 감사와 기쁨으로 넘친다면, 우리가 생활 속에서 하나님의 성품을 비추는 것을 하나님이 보고 기뻐하실 것이다. 그리고 다른 사람들도 우리 생활에서 하나님의 성품이 나타나는 것을 목격할 것이다. 물건을 제조할 때나 임금을 받고 다른 사람을 위해 용역用役을 맡을 때도 마찬가지다.

> "이같이 너희 빛이 사람 앞에 비치게 하여 그들로 너희 착한 행실을 보고 하늘에 계신 너희 아버지께 영광을 돌리게 하라" _마 5:16.

이것이 바로 하나님이 우리를 생산하고자 하는 욕구, 즉 타자를 위해 어떤 유용한 물건을 만들거나 노동력을 제공하고자 하는 욕구를 지닌 존재로 창조하신 까닭이다.

그러므로 물건과 용역의 생산을 증가시키려는 인간의 욕구 그 자체는 탐욕스러운 것이 아니다. 이기적인 것도, 사악한 것도 아니다. 생산하고자 하는 욕구는 하나님이 주신 것이다. 생산하고자 하는 욕구는 성취하고 이룩하려는 욕구와 문제를 해결하려는 욕구를 나타낸다. 또한, 땅을 지배하려는 욕구와 신실한 청지기로서 책임을 다하려는 욕구를 나타낸다. 이처럼 생산하고자 하는 욕구는 우리가 사용하고 누리도록 하나님이 만드신 땅의 자원을 우리가 누리도록 하는 데 기여한다.

이 욕구는 창세기 1장 28절에서 하나님이 아담과 하와에게 하신 명령에 부합한다.

> "하나님이 그들에게 복을 주시며 하나님이 그들에게 이르시되 생육하고 번성하여 땅에 충만하라, 땅을 정복하라, 바다의 물고기와 하늘의 새와 땅에 움직이는 모든 생물을 다스리라 하시니라."

여기서 "땅을 정복하라"는 하나님의 명령은 생산 행위를 통해, 아담과 하와 그들만을 위할 뿐 아니라 타자를 위해 땅의 자원을 유용하게 만들라는 의미다. 하나님은 아담과 하와가 그렇게 행하기를 원하셨고, 우리도 그렇게 하기를 바라신다.

오늘날 어떤 사람들이 생각하듯이 생산하는 일 그 자체는 악한 것도 아니고, 바람직하지 못한 것도 아니며, 피해야 할 것도 아니다. 생산하는 일을 나쁜 것으로 간주하면 안 된다. 생산은 좋은 것이다. 사실 성경은 일찍 은

퇴하여 아무 일도 하지 않는 것을 긍정적인 시각으로 바라보지 않는다. 오히려 성경은 일 자체가 기본적으로 선한 것이며, 하나님이 주신 것이라고 말한다. 죄가 세상에 들어오기 전에 하나님이 아담과 하와에게 명령하신 것은 바로 일(노동)이었다. 타락 이후 일이 수고와 고통의 양상을 띠게 되었지만(창 3:17~19 참조), 여전히 일은 도덕적으로 중립적인 것이 아니라, 기본적으로 선한 것이며 하나님을 기쁘시게 하는 것이다.

그러므로 땅의 생산력을 저해하고 감소시키는 행위는, 전쟁으로 농장과 공장이 파괴될 때나 정부가 농장과 공장의 가동을 금지할 때처럼 선한 게 아니다. 그럴 때 하나님이 창세기 3장에서 내리셨던 저주가 세상에 더욱더 영향을 끼치게 된다. 이것은 하나님이 아니라 사탄의 목적이다. 공의로우신 하나님이 인간에게 저주를 내리신 이후, 창세기 기사는 저주를 극복하기 위해 점진적으로 일하시는 하나님에 관한 이야기로 전개된다. 세상의 생산력을 증가시키는 것은 그 일의 한 국면으로 우리가 마땅히 감당해야 할 사명이다.

그러나 물건과 용역을 만들어내는 모든 생산 행위에

는 심각한 유혹이 뒤따른다. 우리 심령이 하나님으로부터 멀어져 땅이 제공하는 재료 자체에만 집중할 위험이 뒤따른다. 교만의 유혹이 뒤따르며, 이웃을 향한 사랑에서 우리 심령이 멀어져 이기심과 욕심과 완고함으로 향할 위험이 뒤따른다. 해롭고 파괴적이고 사악하지만, 돈이 되는 물건(포르노와 마약 등)을 생산할 유혹이 뒤따른다.

그러나 어떤 선한 것이 왜곡될 수 있다고 해서, 그것 자체가 나쁘다고 말하는 것은 옳지 못하다. 물건과 용역의 생산을 증가시키는 것은 도덕적으로 중립적인 게 아니라 기본적으로 선하며, 하나님을 기쁘시게 한다.

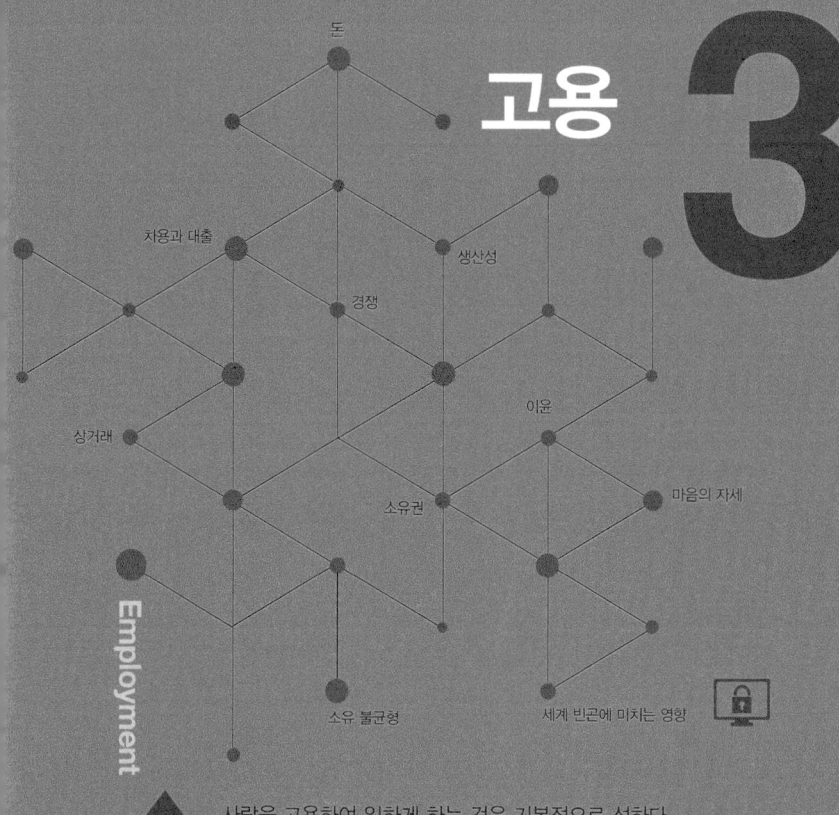

고용 3

사람을 고용하여 일하게 하는 것은 기본적으로 선하다.
그러나 고용에는 하나님을 영화롭게 할 기회뿐만 아니라
죄로 향하는 유혹도 뒤따른다.

성경은 마르크스주의자들과 달리, 어떤 사람이 다른 사람을 고용해 그의 노동을 통해 이윤을 얻는 것을 악하다고 보지 않는다. 성경은 그것을 노동력 '착취'로 간주하지 않는다. 오히려 예수님은 다음과 같이 말씀하셨다.

"일꾼이 그 삯을 받는 것이 마땅하니라" _눅 10:7.

이 진술을 통해 예수님은 고용인에게 임금을 지급하는 것이 잘못된 게 아니라는 점을 묵시적으로 인정하셨다. 예수님의 비유에는 종과 주인, 다른 사람에게 고용된 사람과 다른 사람에게 일한 대가로 돈을 지급하는 사람이 자주 등장한다. 비유 어디에서도 임금을 주고 사람을 고용하는 것이 악하거나 그르다는 가르침을 찾아볼 수 없다. 세례 요한도 병사들에게 "받는 급료를 족한 줄로 알라"(눅 3:14)라고 말했다.

경제 활동을 하는 모든 사람이 물건을 판매하는 것은 아니다. 용역을 파는 사람도 있어야 한다. 누군가를 고용하고 또 누군가에게 고용되는 관계가 필요하다. 고대 세계에서 하인이나 편지 심부름꾼이나 일꾼들은 대개 누군가에게 고용되어 있었다. 현대 세계에서 교사나 간호사, 교수, 배관공 등도 누군가에게 고용되어 돈을 번다. 상품을 생산하는 데에도 이러한 고용관계가 필요하다. 우리 주변을 채우는 많은 물건이 그렇게 누군가에게 고용된 사람들이 만들어낸 것들이다.

고대 세계에서는 사람들을 고용하지 않으면 배를 만들거나 움직일 수 없었다. 현대 세계에서도 비행기나 선박을 만들 때, 제철공장이나 주택을 건축할 때, 컴퓨터나 여타의 소비재를 만들 때는 반드시 많은 사람을 고용해야 한다. 작업 규모가 너무 복잡하고 광대해 한 사람의 힘으로는 불가능하기 때문이다. 그런데 고용된 사람들이 집단으로 일할 때는 그들의 작업을 관리하고 감독하는 사람이 필요하다. 대개 고용인들에게 임금을 지급하는 고용주가 그 역할을 맡는다.

이것은 하나님이 우리에게 주신 놀라운 능력이다. 누군가에게 수고한 대가로 돈을 지급하는 것이야말로 인간만의 독보적인 제도다. 세상의 어떤 피조물도 그런 제도나 능력을 갖추고 있지 않다. 우리는 다른 사람을 고용해 수고의 대가로 임금을 지급한다. 또한 다른 사람에게 고용되어 수고한 대가로 임금을 받는다. 하나님은 우리를 그런 식으로, 즉 고용관계를 통해 더욱 하나님을 영화롭게 하도록 창조하셨다.

고용관계는 하나님을 영화롭게 하는 다양한 기회들을 제공한다. 이 관계의 쌍방 모두가 하나님을 닮을 수 있다. 그리고 하나님은 우리가 정직과 근면, 진실함과 친절, 지혜와 기술을 가지고 임금 지급 약속과 노동력 제공 약속을 충실히 이행할 때, 그런 모습을 보고 기뻐하실 것이다.

또한 고용관계는 성부 하나님과 성자 하나님 사이에 영원부터 지금까지 존재해온 권위를 본으로 삼아 우리가 적절한 권위를 행사하고, 그 권위에 합당한 반응을 보일 기회를 준다.

고용주와 고용인이 약속을 적절하게 이행할 때, 양쪽

모두가 이익을 얻는다. 바로 여기서 다른 사람을 향한 사랑이 뚜렷하게 나타난다. 내가 어떤 사람의 가게에서 셔츠를 만든다고 가정해 보자. 나는 고용주의 이익을 위해 성실히 일한다. 품질에도 주의를 기울이면서 가능한 한 많은 셔츠를 만들기 위해 노력한다(딤전 6:2). 그러면 고용주는 나의 성과를 보고 그 대가로 월급을 지급한다. 모든 훌륭한 비즈니스 거래가 그렇듯이 쌍방 모두가 그전보다 나은 결과를 얻는다. 나는 지난달보다 돈이 더 많아지고, 고용주는 지난달보다 시장에 내다 팔 셔츠가 더 많아질 것이다. 그리고 우리는 함께 일해서 한 달 전에 세상에 없었던 것들을 만들어 놓았다. 세상은 이제 한 달 전보다 500벌의 셔츠를 더 갖게 될 것이다. 그렇게 세상에 새로운 부富를 창출한 것이다.

물론 이것은 땅을 정복해 그 자원을 인류를 위해 유용하게 하라는 하나님의 명령(창 1:28)에 순종한 작은 예에 지나지 않는다. 만일 우리가 각자의 일터에서 이런 일을 수행한다면, 이 세상은 전에 갖지 못했던 엄청난 물질적 부를 얻을 것이다. 물건을 제조하기 위해 다른 사람을 고용한 고용주와 물건을 제조하기 위해 다른 사람에게 고용된 고용인에 의해 새로운 생산품이 만들어진 것이다.

그러므로 당신이 나를 당신 기업체에 고용한다면, 당신은 내게 유익을 끼치는 것이며 동시에 당신과 나 두 사람에게 하나님을 영화롭게 할 기회를 제공하는 것이다. 교사를 고용하든, 의사나 자동차 정비사, 페인트공을 고용하든, 물건이 아니라 용역用役을 생산하기 위해 사람을 고용하는 고용주도 마찬가지다. 고용관계를 통해 이전에는 세상에 존재하지 않았던 새로운 서비스가 생산된다.

그러나 고용관계에도 죄의 유혹이 뒤따른다. 고용주가 권위를 남용해 고용인을 학대하고 압제하거나 불편부당하게 대우할 수 있다. 또 임의로 부당하게 임금 지급을 늦출 수 있다(레위기 19장 13절과 반대로). 적은 임금을 지급함으로써 고용인이 삶의 질을 향상하지 못하게 막을 수도 있으며(신명기 24장 14절과 반대로), 교만으로 우쭐댈 수도 있다. 야고보는 그러한 악독한 고용주의 죄에 대해 이렇게 기록했다.

"보라 너희 밭에서 추수한 품꾼에게 주지 아니한 삯이 소리 지르며 그 추수한 자의 우는 소리가 만군의 주의 귀에 들렸느니라" _약 5:4.

고용인은 부주의(잠 18:9), 나태, 고용주에 대한 시기, 원성, 반항, 부정직, 절도(딛 2:9, 10) 등의 유혹에 빠지기 쉽다.

그러나 어떤 선한 것이 왜곡될 수 있다고 해서, 그것 자체가 나쁘다고 말하는 것은 옳지 않다. 고용관계 자체는 도덕적으로 중립적인 것이 아니라 기본적으로 선한 것이며, 하나님을 기쁘시게 하는 것이다. 고용관계에는 하나님의 성품을 닮을 수 있고 하나님을 영화롭게 할 많은 기회가 있다.

상거래 4

물건을 사고파는 매매행위는 기본적으로 선하다.
그러나 매매에는 하나님을 영화롭게 할 기회뿐만 아니라
죄로 향하는 유혹도 뒤따른다.

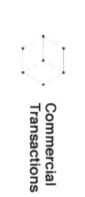

Commercial Transactions

몇몇 성경 구절에서 상거래가 도덕적으로 옳다는 추론을 얻을 수 있다. 하나님은 고대 이스라엘 사회에서 토지를 매매하는 것과 관련해 다음과 같은 법을 주셨다.

"네 이웃에게 팔든지 네 이웃의 손에서 사거든 너희 각 사람은 그의 형제를 속이지 말라"_레 25:14.

이 구절은 상대방에게 해를 끼치지 않고 정직하게 사고파는 것이 가능하며 또 당연하다는 것을 의미한다. 다시 말해서, 매매행위 쌍방이 옳은 일을 하고 있다는 것이다(창 41:57; 레 19:35, 36; 신 25:13~16; 잠 11:26, 31:16; 렘 32:25, 42~44).

사실 최저 생활수준 이상의 삶을 살려면 사고파는 행

위가 필요하다. 사실 상거래는 동물의 왕국과 인간 세상을 구분 짓는 하나의 기준이다. 자급자족하는 사람이나 가족은 최저 생활수준을 면할 수 없다(팔지도 않고 사지도 않고 자기가 생산한 것만으로 생활한다면, 음식과 의복을 조달하는 것 이상의 행위를 하기 힘들 것이다).

그러나 생산한 것들을 '매매'라는 절차를 통해 팔 수 있을 때, 또 우유나 빵, 오렌지주스, 딸기잼, 자전거, 컴퓨터, 자동차, TV 등 다른 사람이 전문적으로 생산한 것을 살 수 있을 때, 우리는 높은 수준의 삶을 영위할 수 있다. 매매를 통해 우리는 먹든지 마시든지 모든 일을 하나님의 영광을 위해 할 수 있으며(고전 10:31), 땅의 자원을 감사함으로 누리라(딤전 4:3~5, 6:17)는 하나님의 뜻을 이룰 수 있다.

상거래를 필요악이나 도덕적으로 중립적이라고 여기는 것은 옳지 않다. 상거래는 그 자체로 선하다. 우리는 상거래를 함으로써 서로에게 유익을 끼칠 수 있다. 대개 자발적 상거래는 당사자 쌍방에게 유익이 된다.

만일 내가 당신에게 내가 쓴 책을 1만 원에 판다면, 나는 책 한 권을 갖고 있는 것보다 더 큰 가치, 즉 1만 원의 돈을 얻게 된다. 나에게는 수백 권의 책이 있지만 그것은 내가 쓴 책이므로 읽을 필요가 없다. 나는 당신에게 전보다 1만 원을 더 소유하게 되었고, 더 나은 삶을 살 수 있게 되었으며, 그래서 더 기쁘다. 당신도 1만 원의 돈을 갖고 있는 것보다 더 큰 가치, 즉 책을 얻는다. 그것은 전에 당신에게 없던 것으로, 당신은 내 책을 갖게 됨으로써 이전보다 더 나은 삶을 살 수 있게 되었고, 그래서 기뻐한다.

하나님이 우리에게 매매하는 능력을 주셨다는 것은 곧 우리가 서로에게 유익을 끼칠 수 있는 훌륭한 절차를 주셨음을 의미한다. 그러므로 매매행위를 할 때마다 이런 과정을 주신 하나님께 감사하는 마음을 잃지 말아야 할 것이다. 매매행위가 이웃을 내 몸과 같이 사랑하기 위한 수단이 될 수 있다.

매매는 하나님이 창조하신 모든 피조물 중에 오직 인간만이 할 수 있는 고유한 행위이다. 토끼나 다람쥐, 코끼리, 개나 고양이, 기린은 이런 행위를 도무지 알지 못한다. 하나님은 우리에게 매매행위를 할 수 있는 능력을 주심으로써 우리가 하나님께 영광을 돌리기 위한 훌륭한 수단을 주신 것이다.

만일 우리가 정직하다면, 책무를 성실히 이행하고 공정성과 선택의 자유를 준수한다면, 우리는 매매행위를 할 때마다 하나님의 속성을 닮을 수 있다. 더 나아가 상업거래는 당사자 간에 인격적 교류를 가능하게 하는 기회를 제공한다. 나는 물건을 살 때 그 물건을 단지 '상점에서' 사는 게 아니라 '상점 주인에게' 사는 것임을 깨닫곤 한다. 이처럼 매매행위에 관여하는 쌍방이 서로를 친절하게 대하고, 하나님의 은혜를 나타내 보이면 인격적 교류를 이룰 수 있다. 사실 우리는 모든 비즈니스 상의 거래를 통해 진실해질 수 있고, 공평해질 수 있으며, 예수님의 가르침에 순종할 수 있다.

"그러므로 무엇이든지 남에게 대접을 받고자 하는 대로 너희도 남을 대접하라 이것이 율법이요 선지자니라"_마 7:12.

상업거래의 대인적對人的 특성으로 인해 비즈니스 행위는 사회에 중대하고도 지속적인 영향을 끼쳐왔다. 어떤 농부가 읍내에 있는 기계수리공을 별로 좋아하지 않는다. 기계수리공 역시 그 농부를 그리 달가워하지 않는다.

그렇지만 농부는 농기계가 고장나면 기계수리공에게 달려간다. 수리공 역시 그 농부에게서 곡식과 토마토를 산다. 두 사람이 잘 지낼수록 서로에게 이득이 된다. 그리고 결국 둘 사이에 놓여 있던 반감이 해소된다. 그들도 모르는 사이에 상대방의 이익에 공헌하는 사이가 된 것이다.

이러한 특성은 국가 사이의 상업거래에도 그대로 적용된다. 이는 하나님의 '일반은총'(예수님을 믿는 사람에게만 베풀어지는 구원의 '특별은총'과는 달리 믿음 여부와 상관없이 베풀어지는 하나님의 일반적인 은혜로, 국가의 법질서를 통한 치안의 확보, 건실한 학식과 교양, 합리적 경제질서 등이 일반은총에 해당된다.-역자 주)의 한 가지 증거이다. 왜냐하면 하나님이 매매라는 구조를 통해 우리에게 우리 자신의 복지뿐 아니라 이웃의 복지를 향상시키는 행위를 추구함으로써 (사실은 우리가 우리 자신의 복지를 추구하는 것이지만) 이웃을 사랑하라고 격려하고 있기 때문이다.

우리는 사고파는 행위를 하면서 서로가 서로를 의존하고 있다는 사실을 깨닫는다. 이는 삼위三位 하나님이 인격적으로 서로에게 의존되어 있음을 반영하는 것이다. 따라서 상업거래는 그 사실을 깨달은 우리가 삶 속에서 하나님의 영광을 나타낼 수 있는 또 다른 수단을 제공한다.

그러나 상업거래에도 죄로 향하는 유혹이 뒤따른다. 우리 마음에 욕심이 가득하여 우리 자신과 이웃의 유익을 추구하는 대신에, 이웃의 유익은 전혀 고려하지 않고 오직 우리 자신의 유익만을 추구할 수 있기 때문이다. 거래 당사자 일방이 거래에서 발생하는 유익의 99퍼센트나 100퍼센트를 독점하려고 하고 상대방에게 1퍼센트만 주거나 아무 유익도 주려고 하지 않을 때, 이런 일이 발생한다. 이기심과 부富에 대한 과도한 욕구가 우리 마음을 정복하여 마음의 방향을 오직 물질에만 집중하도록 만들기 때문이다. 바울은 이렇게 말했다.

"부하려 하는 자들은 시험과 올무와 여러 가지 어리석고 해로운 욕심에 떨어지나니 곧 사람으로 파멸과 멸망에 빠지게 하는 것이라 돈을 사랑함이 일만 악의 뿌리가 되나니 이것을 탐내는 자들은 미혹을 받아 믿음에서 떠나 많은 근심으로써 자기를 찔렀도다"_딤전 6:9,10.

우리는 죄 때문에 부정직한 데로 치우칠 수 있으며, 알맹이가 조악한 물건을 겉만 번지르르하게 꾸며 팔 수도 있다. 권력이 과도하게 집중되는 곳이나 지식의 불균형이 심한 곳에서는 힘이나 지식이 부족한 사람들을 억압하는 일이 종종 벌어진다(특히 정부가 독점기업을 비호하는 경우, 소비자들은 독점기업이 내놓는 형편없는 제품을 비싼 가격에 구입해야 한다). 슬프게도, 자칭 그리스도인이라고 하는 사람들이 비즈니스 거래에서 부정직한 행동을 하는 경우가 비일비재하다. 그리스도인 기업가들이 비즈니스 상의 약속을 깨거나 '망각'하기도 한다. 그들이 약속을 고의로 지키지 않거나 동업자를 배신하고, 일을 허술하게 처리하거나 하자 있는 제품을 만들었다는 이야기들이 심심찮게 들린다.

소수의 그리스도인이 이런 행위를 자행한 탓에 전체 교회가 욕을 먹고 있으며, 예수 그리스도의 이름이 더럽혀지고 있다. 이런 행위들을 덮어주는 것은 온당치 못하다. 교회가 그들의 잘못을 지적해야 하며, 예수께서 마태복음 18장 15~20절에서 말씀하신 대로 교회 차원에서 그들을 징계해야 마땅할 것이다.

그러나 어떤 선한 것이 왜곡될 수 있다고 해서 그것 자체가 악하다고 말하는 것은 옳지 못하다. 상업거래 그 자체는 기본적으로 정당한 것이며, 하나님을 기쁘시게 하는 것이다. 상업거래는 하나님을 영화롭게 하도록 하나님이 주신 귀한 선물이며 기회다.

이윤 5

돈
차용과 대출
생산성
경쟁
상거래
고용
소유권
마음의 자세
Profit
소유 불균형
세계 빈곤에 미치는 영향

이윤 창출은 기본적으로 선하다.
그러나 이윤 창출에는 하나님을 영화롭게 할 기회뿐만 아니라
죄로 향하는 유혹도 뒤따른다.

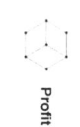

이윤창출이란 무엇인가? 기본적으로 생산품을 생산원가 이상의 가격으로 판매하여 차익을 남기는 것이다. 내가 제과점을 운영하는 데 10만 원의 원가로 100개의 빵을 만들었다고 치자. 그런데 그것을 20만 원에 팔았다면, 나는 10만 원의 이윤을 얻은 것이다. 그런데 여기서 사람들이 빵 한 개를 2천 원에 기꺼이 구입했다는 것은 곧 그들이 내 빵의 가치를 2천 원으로 인정했다는 의미이며, 내게는 1천 원의 가치밖에 없는 빵이 그들에게는 2천 원의 가치를 지닌다는 것을 뜻한다. 빵에 들어간 재료와 나의 노동력을 합산했기 때문에 이런 결과가 나온 것이다.

내가 이윤을 얻었다는 것은 내가 다른 사람들을 위해 유용한 어떤 것을 만들었으며, 제품과 용역을 판매함으로써 다른 사람들에게 유익을 끼쳤다는 것을 의미한다.

또한 내가 이윤을 창출했다는 것은 내가 자원을 남들보다 더 효율적으로 사용했다는 것을 의미한다. 빵에 들어간 비용이 적었기 때문에 높은 이윤을 남긴 것이다.

만일 어떤 제과업자가 빵 100개를 만드는 데 상당한 분량의 밀가루와 이스트를 낭비하여 12만 5천 원의 원가가 들었다면, 그의 이윤은 내 이윤보다 적을 것이다. 자원을 효율적으로 사용하는 게 좋을 수밖에 없는 또 하나의 이유는 자원을 낭비하지 않음으로써 다른 사람들도 자원을 사용할 수 있다는 것이다. 그러므로 이윤을 창출했다는 것은 내가 땅의 자원을 효율적으로 사용함으로써 "땅을 정복하라"는 하나님의 창조명령에 순종했다는 것을 의미한다.

"하나님이 그들에게 복을 주시며 하나님이 그들에게 이르시되 생육하고 번성하여 땅에 충만하라, 땅을 정복하라, 바다의 물고기와 하늘의 새와 땅에 움직이는 모든 생물을 다스리라 하시니라"_창 1:28.

어느 날, 한 귀인이 열 명의 종을 불러 그들에게 각각 한 므나(3개월의 임금에 해당하는 금액)씩을 주며 "내가 돌아올 때까지 장사하라"(눅 19:13)라고 말했다. 귀인은 돌아와서 열 배의 이윤을 남긴 종을 크게 칭찬했다. 그가 "주인이여 당신의 한 므나로 열 므나를 남겼나이다"(눅 19:16)라고 말하자 귀인은 다음과 같이 말하며 칭찬했다.

> "잘하였다 착한 종이여 네가 지극히 작은 것에 충성하였으니 열 고을 권세를 차지하라"_눅 19:17.

한 므나로 다섯 므나를 남긴 종은 다섯 고을의 권세를 차지했다. 그러나 이윤을 전혀 남기지 못한 종은 최소한 은행에 저축했으면 이자라도 받았을 터인데 그렇게 하지 않았다며 주인에게 심한 책망을 받았다(눅 19:23).

물론 이 비유에서 왕위를 받기 위해 먼 나라에 갔다가 종들에게 상을 주기 위해 돌아온 귀인은 예수님을 나타낸다. 이 비유는 우리가 청지기로서, 예수님이 맡기신 사역과 하나님이 주신 영적 은사들을 잘 관리해야 한다는 의미를 명확하게 전달하고 있다.

그러나 이 비유가 진정한 의미를 가지려면, 하나님은 그분이 맡기신 자원을 늘리고 확장하는 청지기를 선한 청지기로 여기신다는 사실을 반드시 강조해야 한다. 아울러 이 비유를 우리 삶에 적용할 때, 돈과 물질 소유라는 관점을 배제할 수 없다. 왜냐하면 그것들 역시 하나님이 우리에게 맡기신 것들의 일부이며, 돈과 재산을 사용해서도 하나님을 영화롭게 할 수 있기 때문이다.

그러므로 이윤을 추구하는 행위, 혹은 자원을 증대시키려고 노력하는 행위는 기본적으로 선한 것이다. 오히려 자원을 증대시키지 않으면 주인이 돌아왔을 때, 심한 꾸지람을 면치 못할 것이다.

달란트 비유(마 25:14~30)의 요점도 금액이 커진 것(1달란트는 노동자의 20년 월급을 합한 액수와 같다)만 빼면 므나의 비유와 매우 유사하다.

잠언 31장에서 이상적인 아내의 면모를 제시하는 대목에서도 이와 유사한 점이 발견된다.

"자기의 장사가 잘 되는 줄을 깨닫고" _18절.

이 구절에서 '장사하다'로 번역된 히브리어 '사짜르'Sachar는 이윤을 창출하는 상업거래를 일컫는 용어이다. 여기서 현숙한 여인은 물건을 팔아 이윤을 얻은 것으로 칭찬을 받는다.

어떤 사람들은 이윤창출이 남을 착취하는 것이라고 이의를 제기할지 모른다. 그러나 내 생각은 다르다. 왜 내가 1달러의 생산 원가를 가진 빵을 당신에게 2달러에 파는가? 2달러 속에는 내가 사용한 원재료 값뿐만 아니라, 자영업자로서 내가 빵 생산에 쏟은 노동력과 빵을 만드는 데 들어간 시간, 오랜 기간 공을 들여 배운 빵 제조 기술과 빵을 굽기 위한 장비와 재료들을 구하고 정리하는 능력, 그 날 몇 개의 빵이 판매될지 전혀 예측하지 못한 상태에서 매일 아침 100개의 빵을 구워야 하는 위험 부담률의 값이 모두 포함되어 있기 때문이다.

어떤 사람들은 천성적으로 조심성이 많아서 비즈니스에 수반되는 위험을 감수하려 하지 않는다. 그러나 어떤 사람들은 기꺼이 위험 부담을 감수한다. 그러므로 그들에게 위험을 감수한 보상(그들이 위험 부담을 안았기 때문에 우리 모두가 유익을 얻는 것이다)으로 일정 정도의 이윤을 지불하는 것은 지극히 타당하다고 본다. 많은 사람들이 위험을 감수하면서 비즈니스를 시작하는 까닭은 바로 그런 보상을 기대하기 때문이다. 만일 어떤 사회가 이윤을 용인하지 않는다면 사람들은 위험 부담을 감수하지 않을 것이고, 그렇게 되면 시장에서 살 물건이 거의 없을 것이다. 그러므로 이윤을 용인하는 것은 사회 모든 구성원에게 유익을 주는 선한 것이다.

물론 부당한 이윤도 있을 수 있다. 일례로, 당신과 나 사이에 힘이나 지식이 극단적인 불균형을 이루고 있는데, 내가 그 점을 악용하여 당신을 속인다면 나는 다음과 같은 예수님의 명령에 불순종하는 것이다.

"그러므로 무엇이든지 남에게 대접을 받고자 하는 대로 너희도 남을 대접하라 이것이 율법이요 선지자니라"_마 7:12.

만일 내가 생필품을 독점 생산하는 독점기업을 운영하고 있어서 소비자들이 빵이나 연료나 물을 오직 나한테서만 구입해야 하며, 다른 생산업자의 제품은 시장에 발도 들여놓지 못한다면, 또는 내가 형편없는 제품에 터

무니없이 과도한 값을 매겨 소비자들의 고혈(膏血)을 짜낸다면, 그렇게 얻은 이윤은 매우 부당한 것이다. 이윤창출에 죄로 향하는 유혹이 뒤따른다는 말은 곧 이런 의미이다.

그러나 어떤 선한 것이 왜곡될 수 있다고 해서, 그것 자체가 악하다고 말하는 것은 옳지 못하다. 만일 내가 부패권력이나 부정직이나 탐욕에 의해 왜곡되지 않은 자발적인 매매행위를 통해 이윤을 창출했다면, 나는 이윤을 창출함으로써 당신을 도울 수 있다. 당신은 원하던 빵을 얻어 전보다 더 나아질 수 있고, 나는 1천 원의 이윤을 얻어 전보다 더 나아지고, 그 이윤창출에 고무되어 계속 제과점을 유지하며 빵을 만들어갈 수 있기 때문이다. 이렇게 되면 서로에게 유익이 된다. 아무도 착취당하지 않는다. 내가 이런 과정을 통해 하나님의 주권과 현명한 청지기 사명을 행사할 수 있는 재산을 확대함으로써 이윤을 남기고 성장한다면 그것은 하나님을 영화롭게 하는 것이다.

이처럼 이윤을 창출할 수 있는 능력은 다른 사람들을 도우면서 동시에 우리의 재산을 증대시킨다. 그것은 하나님이 우리에게 주신 놀라운 능력이다. 그것은 악하지 않으며, 도덕적으로 중립적이지도 않다. 그 능력 자체는 기본적으로 선하다. 우리는 이윤을 창출할 수 있는 능력을 통해 타인에 대한 사랑과 지혜, 주권, 미래에 대한 계획 등 하나님의 속성을 나타낼 수 있다.

6

돈

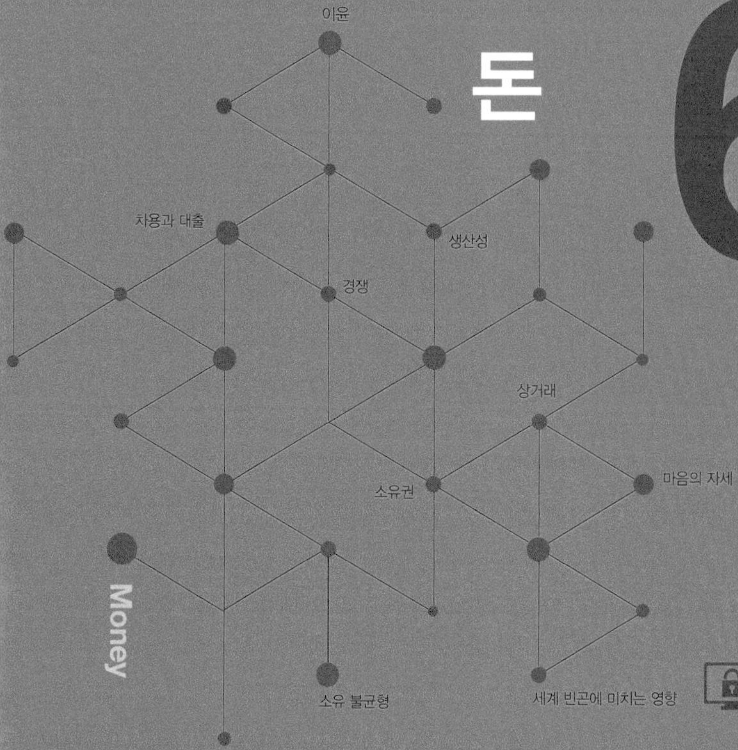

- 이윤
- 차용과 대출
- 생산성
- 경쟁
- 상거래
- 소유권
- 마음의 자세
- Money
- 소유 불균형
- 세계 빈곤에 미치는 영향

돈은 기본적으로 선하다.
그러나 돈에는 하나님을 영화롭게 할 기회뿐만 아니라
죄로 향하는 유혹도 뒤따른다.

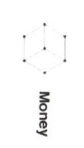

사람들은 흔히 "돈이 일만 악의 뿌리"라고 말한다. 그러나 성경은 그렇게 말하지 않는다. 바울은 디모데전서 6장 10절에서 분명히 말했다.

"돈을 사랑함이 일만 악의 뿌리가 되나니 이것을 탐내는 자들은 미혹을 받아 믿음에서 떠나 많은 근심으로써 자기를 찔렀도다."

돈을 '사랑하는' 게 문제지 돈 그 자체가 문제는 아니다. 사실 돈은 기본적으로 선한 것이다. 돈은 인간 세상을 동물의 왕국과 구분짓는 훌륭한 발명품이다. 돈 덕택에 우리는 땅으로부터 다른 사람을 유익하게 하는 물건과 용역을 생산함으로써 땅을 정복할 수 있다. 돈 덕택에 모든 인류가 생산에 종사할 수 있게 되었다. 돈이 없어서 단지 물물교환만 해야 했을 때보다 수천, 수만 배 더 광대하게 그 생산의 열매를 향유할 수 있게 되었다.

만일 우리가 물물교환만 해야 한다면, 내게는 당신과 교환할 게 하나밖에 없다. 내가 쓴 책이다. 나는 내가 저술한 「조직신학」 *Systematic Theology* [2] 책을 수백 권 갖고 있다.

그러나 세상에 돈이 없다면, 나는 「조직신학」 책 한 권이 빵 한 덩어리의 값어치가 있는지, 혹은 셔츠 두 벌의 값어치가 있는지, 자전거나 자동차의 값어치가 있는지 도무지 알지 못할 것이다. 더욱이 식료품 가게 주인은 내 책을 별로 읽고 싶어 하지 않을 것이다. 그러므로 내가 「조직신학」 책 100권을 준다 해도 그는 식료품 한 바구니와 바꾸려 하지 않을 것이다. 설령 그가 내 책 한 권을 받고 식료품을 주었다 할지라도, 그 다음번에 또 그 책을 받을 리 만무하다. 그러므로 결국 나는 내 책을 식료품으로 바꾸어줄 새로운 가게 주인을 찾아 헤매야 할 것이다. 만약 화폐제도가 없다면, 나는 당장 마당에 텃밭을 가꾸고 소와 닭을 기르고 매일매일 달걀로 물물교환을 하면서 생존을 위해 살아가는 데로 회귀해야 할 것이다. 이렇게 가정해보면, 답답하기는 당신도 나와 다르지 않을 것이다.

그러나 우리에게는 돈이 있다. 모든 사람이 자기 물건과 돈을 기꺼이 바꾼다. 왜냐하면 다른 모든 사람 역시 자기 물건과 돈을 기꺼이 바꿀 것이기 때문이다. 돈이란 것이 있기 때문에 나는 내 책 한 권이 얼마의 가치가 있는지 깨닫는다. 내 책은 4만 원의 가치가 있다. 왜냐하면 수천, 수만의 소비자들이 그만한 가치가 있다고 인정하여 기꺼이 돈을 지불했기 때문이다.

또한 돈은 다른 용도로 지불될 때까지 어떤 물건의 가치를 저장한다. 내가 「조직신학」 책 한 권을 팔아 4만 원의 돈을 얻었을 때, 그 돈은 내가 식료품 가게에 가서 주인에게 4만 원과 식료품을 바꾸자고 말할 때까지 한시적으로 그 책의 가치를 저장한다. 식료품 가게 주인은 전에 내 책과 자기 식료품을 교환하려 하지 않았지만, 이번에는 내가 내놓은 4만 원의 돈을 받고 싶어 한다. 왜냐하면 그 돈으로 이 세상에서 4만 원의 가치가 나가는 물건은 무엇이든 구입할 수 있다는 것을 그가 잘 알기 때문이다.

이처럼 돈이란 매우 유용한 도구이다. 그러므로 우리가 돈을 발명하여 사용하도록 배려하신 하나님의 지혜에 감사하는 것은 너무도 당연하다. 돈은 '교환의 매개물'이다. 돈은 자발적인 교환을 가능하게 하는 도구이다.

> 돈은 "필수품이다.…상품이나 용역 등 다른 모든 등가_{等價}의 필수품들을 교환할 수 있는, 법적으로 확립된 필수품이다.… 시장에서 비교 가치의 척도로 이용된다."[3]

돈은 자발적 교환을 더욱 공정하고 폭넓게 하며, 덜 낭비적으로 만든다. 이 땅에서 선한 청지기의 사명을 감당하려면, 또 돈을 지혜롭게 사용하여 하나님을 영화롭게 하려면 돈이 필요하다.

돈은 그 자체로 악한 것이 아니다. 만일 그것이 그 자체로 악하다면 하나님은 다음과 같이 말씀하지 않으셨을 것이다.

> "은도 내 것이요 금도 내 것이니라 만군의 여호와의 말이니라"
> _학 2:8.

돈은 모두 다 하나님의 것이다. 그런데 하나님이 그것

을 통해 하나님을 영화롭게 하라고 우리에게 그것을 맡겨주셨다.

돈은 하나님을 영화롭게 할 많은 기회를 제공한다. 먼저 청지기 사명을 감당하고 증대시킴으로써 하나님의 주권과 지혜를 닮게 한다. 그리고 우리 자신의 필요를 충족시킴으로써 다른 것에 의존하지 않는 하나님의 자주성自主性을 닮게 하고, 다른 사람들에게 베풂으로써 하나님의 자비와 사랑을 닮게 한다. 또한 교회와 복음전도 사역에 헌금함으로써 다른 사람들을 하나님 나라로 인도한다.

돈은 너무 많은 힘과 가치를 지니고 있어서 언제나 죄의 유혹이 뒤따른다. 그러므로 돈은 무거운 짐이 되기도 한다. 우리는 돈을 사랑하는 덫에 걸릴 수 있다(딤전 6:10). 그렇게 되면 우리 심령이 하나님으로부터 멀어진다. 예수님은 다음과 같이 경고하셨다.

"너희가 하나님과 재물을 겸하여 섬기지 못하느니라"_마 6:24.

예수님은 또 돈을 선한 곳에 사용하지 않고 지나치게 축적하는 행위에 대해서 다음과 같이 말씀하셨다.

"너희를 위하여 보물을 땅에 쌓아 두지 말라 거기는 좀과 동록이 해하며 도둑이 구멍을 뚫고 도둑질하느니라 오직 너희를 위하여 보물을 하늘에 쌓아 두라 거기는 좀이나 동록이 해하지 못하며 도둑이 구멍을 뚫지도 못하고 도둑질도 못하느니라 네 보물 있는 그 곳에는 네 마음도 있느니라"_마 6:19~21.

그러나 어떤 선한 것이 왜곡될 수 있다고 해서, 그것 자체가 악하다고 말하는 것은 옳지 못하다. 돈은 그 자체로 선하며, 하나님을 영화롭게 할 많은 기회를 제공한다.

소유 불균형 7

이윤
차용과 대출
생산성
경쟁
상거래
소유권
마음의 자세
돈
세계 빈곤에 미치는 영향

Inequality of Possessions

약간의 소유 불균형은 기본적으로 선하다.
그러나 소유 불균형에는 하나님을 영화롭게 할 기회뿐만 아니라
죄로 향하는 유혹도 뒤따른다.
그리고 극단적인 소유 불균형은 그 자체로 악하다.

소유의 불균형은 선한 것이다. 소유의 불균형은 하나님을 기쁘시게 할 수 있다. 아마 당신은 이 말에 놀랐을 것이다. 천국에는 죄도 없고 악도 없지만, 받을 상급의 등급이 다양하다고 성경은 가르친다. 하나님은 현세에서 다양한 사람에게 다양한 종류의 청지기 사명을 위탁하신다. 장차 우리가 예수님 앞에 서서 살아온 날들을 셈할 때, 어떤 이에게 예수님은 다음과 같이 말씀하실 것이다.

"잘하였다 착한 종이여 네가 지극히 작은 것에 충성하였으니 열 고을 권세를 차지하라"_눅 19:17.

또 어떤 이에게는 다음과 같이 말씀하실 것이다.

"너도 다섯 고을을 차지하라"_눅 19:19.

모든 사람이 동일한 청지기 사명을 받는 것도 아니고 동일한 책임을 맡은 것도 아니다. 우리는 누가복음의 이 말씀을 통해 청지기 사명의 불균등 그 자체가 하나님에게서 나온 것이며, 그러므로 그것이 선한 것임에 틀림없다는 확신을 얻을 수 있다.

사도 바울도 믿는 자들에게 이와 유사한 내용을 가르치면서 "이는 우리가 다 반드시 그리스도의 심판대 앞에 나타나게 되어 각각 선악간에 그 몸으로 행한 것을 따라 받으려 함이라"(고후 5:10)라고 말했다. 이는 우리가 현세에서 행한 바에 따라 내세에서 다양한 등급의 상급을 받는다는 의미이다. 성경에는 이 밖에도 내세의 상급이 이 땅에서와 다르다는 사실을 가르치거나 의미하는 구절이 많다.[4] 심지어 천사들 사이에서도 권세의 등급과 하나님이 확정해주신 사명의 등급이 다양하다. 그러므로 이러한 불균등 자체가 악하다거나 그르다고 말할 수 없다.

매우 다양한 일들이 행해지고 있는 세상에서 불균등은 필요하다. 어떤 일은 엄청난 양의 자원을 관리하는(철

강 공장이나 항공기 제작회사를 소유하는 것이 그러하다) 청지기 사명을 요구하고, 또 어떤 일은 그것보다 작은 양의 자원을 관리하는 사명을 요구한다. 하나님은 회화나 음악, 수학, 과학, 통솔력, 비즈니스 혹은 영업 수완 등 모든 분야에서 어떤 이에게는 큰 능력을 주시고 다른 이에게는 작은 능력을 주신다.

각 사람의 수고에 대해 공정하게 보상하기로 하고 각 사람이 생산한 것의 가치를 산출한다면, 당연히 큰 능력을 소유한 이가 큰 보상을 받을 것이다. 사람들의 능력과 노력의 정도가 다르기에 다양한 등급의 보상을 해야만 그 보상이 정당하고 공평할 것이다. 공정하게 보상하려면 보상의 불균등이 불가피하다.

하나님은 모든 사람이 균등한 재산을 소유하도록 하신 적이 없으시다. 앞으로도 그렇게 하지 않으실 것이다. 하나님은 희년 제도(레위기 25장)를 통해, 고대 이스라엘 백성에게 농토를 전前 주인에게 돌려주고 채무를 무효화하도록 명령하셨다. 하지만 모든 백성이 돈이나 보석, 가축을 균등하게 소유하도록 사회제도를 재정비하지는 않으셨다(레 25:30).

어떤 이들은 사도 바울이 고린도후서 8장에서 '균등한 소유'를 주장했다고 말한다. 그러나 바울은 고린도후서 8장 어느 구절에서도 하나님이 균등한 소유를 의도하셨다고 말하지 않았다. 그는 부유한 고린도 교회 교인들에게 고린도후서 8장 1~5절에 언급된 가난한 마게도냐 교회 교인들에게 돈을 보내라고 말하지 않았다. 대신 그는 기근으로 시련을 당하는 예루살렘의 교인들을 도우라고 권면하면서, 그렇게 하면 고린도 교회 교인들이 어려움을 당할 때 예루살렘 교회의 도움을 받을 수 있을 것이라고 말했다.

> "이는 다른 사람들은 평안하게 하고 너희는 곤고하게 하려는 것이 아니요 균등하게 하려 함이니 이제 너희의 넉넉한 것으로 그들의 부족한 것을 보충함은 후에 그들의 넉넉한 것으로 너희의 부족한 것을 보충하여 '균등하게' 하려 함이라" _고후 8:13,14.

이 구절에서 '균등하다'로 번역된 헬라어 '이소테스'~isotēs~는 골로새서 4장 1절에서 '공평'으로 번역되었는데, 골로새서의 문맥상 이 용어가 '균등'을 의미한다고 보기는 어렵다.

어떤 이들은 그리스도인들이 모든 물건을 서로 통용했다는 사도행전의 기록을 근거로 사도행전이 일종의 원시적 형태의 공산주의를 가르친다고 주장한다. 그런데 그것은 사실과는 거리가 멀다. 이 구절을 매우 신중하게 살펴보는 것이 중요하다.

"믿는 사람이 다 함께 있어 모든 물건을 서로 통용하고 또 재산과 소유를 팔아 각 사람의 필요를 따라 나눠 주며 날마다 마음을 같이하여 성전에 모이기를 힘쓰고 집에서 떡을 떼며 기쁨과 순전한 마음으로 음식을 먹고"_행 2:44~46.

"믿는 무리가 한마음과 한 뜻이 되어 모든 물건을 서로 통용하고 자기 재물을 조금이라도 자기 것이라 하는 이가 하나도 없더라 사도들이 큰 권능으로 주 예수의 부활을 증언하니 무리가 큰 은혜를 받아 그 중에 가난한 사람이 없으니 이는 밭과 집 있는 자는 팔아 그 판 것의 값을 가져다가 사도들의 발 앞에 두매 그들이 각 사람의 필요를 따라 나누어 줌이라"_행 4:32~35.

이 구절은 모든 그리스도인이 하나님을 얼마나 굳게 신뢰했는지, 얼마나 큰 관용을 베풀었는지, 다른 사람을 얼마나 사랑했는지 묘사한다. 오순절에 성령의 능력이 교회에 쏟아진 결과로 이 모든 모습이 나타났다. 그러나 이것을 '원시 공산주의'로 여기는 것은 참으로 중대한 실수다. 그 이유는 다음 두 가지다.

첫째, 베푸는 행위가 강압에 의해서가 아니라 자발적으로 이루어졌다.

둘째, 사람들이 여전히 개인재산을 소유하고 있었다. 그들은 각자의 집에서 만났고(행 2:46), 요한 마가의 어머니 마리아(행 12:12), 야손(행 17:5), 디도 유스도(행 18:7), 에베소의 신자들(행 20:20), 복음전도자 빌립(행 21:8), 구브로 출신의 나손(행 21:16), 브리스가와 아굴라(롬 16:3; 고전 16:19), 눔바(골 4:15), 빌레몬(몬 1:2), 요한의 편지를 받은 일반 성도(요이 1:10) 등 많은 그리스도인이 개인의 주택을 소유하고 있었다.

사도행전은 4장에서 그리스도인들이 보였던 놀라운 관용에 대해 묘사한 직후 바로 다음 장에서 토지 판매대금의 일부를 숨기고 사도들에게 거짓말을 한 아나니아와 삽비라 부부의 기사로 넘어간다. 베드로는 그들이 땅을 팔지 않을 수도 있었고, 판 뒤에도 그 돈을 바치지 않고 마음대로 처분할 수 있었는데, 어쩌자고 거짓말을 하면서 바쳤냐고 엄히 책망했다.

> "땅이 그대로 있을 때에는 네 땅이 아니며 판 후에도 네 마음대로 할 수가 없더냐 어찌하여 이 일을 네 마음에 두었느냐 사람에게 거짓말 한 것이 아니요 하나님께로다"_행 5:4.

이 사건이, '믿는 무리가 모든 물건을 서로 통용했다'(행 4:32)는 보도 직후에 발생했다는 점에 주목하는 것이 중요하다. 아나니아와 삽비라 사건은 사도행전 4장의 모든 나눔이 자발적인 것이었으며, 개인소유 개념이나 소유의 불균등 개념을 파기하기 위한 것이 아니었다는 점을 상기시켜준다.

베드로는 아나니아와 삽비라 부부가 땅을 팔지 않을 수도 있었고, 판 뒤에도 그 돈을 바치지 않고 임의로 처분할 수 있었는데, 거짓말을 하면서 바친 것이 잘못되었다고 꾸짖었다. 우리는 이러한 베드로의 진술(행 5:4)을 통해 그가 개인재산을 인정했다는 것을 확신함과 동시에 교회가 새로운 요구사항(그리스도인이 모든 개인소유를 포기해야 한다든지 재산을 균등하게 소유해야 한다는 내용)을 제정하고 있었다는 일부의 견해가 사실과 다르다는 것을 확실히 알 수 있다. 사도행전 5장 4절은 그러한 오해를 완전히 불식시킨다.

나중에 바울도 부유한 그리스도인들을 특별히 가르칠 때 개인소유를 포기하라고 말하지 않았다. 대신 그는 관용을 베풀고, 마음을 재물에 두지 말고 하나님께 두라고 가르쳤다.

> "네가 이 세대에 부한 자들을 명하여 마음을 높이지 말고 정함이 없는 재물에 소망을 두지 말고 오직 우리에게 모든 것을 후히 주사 누리게 하시는 하나님께 두며 선을 행하고 선한 사업을 많이 하고 나누어 주기를 좋아하며 너그러운 자가 되게 하라 이것이 장래에 자기를 위하여 좋은 터를 쌓아 참된 생명을 취하는 것이니라"_딤전 6:17~19.

그러므로 모든 형태의 소유 불균등을 잘못된 것이나

악한 것으로 간주하면 안 된다. 사실, 소유 불균등은 하나님을 영화롭게 할 많은 기회를 제공한다.

물질을 소유하는 것이나 능력이나 기회와 관련해 하나님이 우리에게 아주 작은 청지기 사명을 주셨다 할지라도, 우리는 하나님 안에서 만족하고 하나님이 우리의 필요를 충족시켜주실 것을 신뢰하며, 하나님으로부터 보상받을 것을 기대하고 우리의 사명에 충실함으로써 하나님을 영화롭게 할 수 있다. 사실, 가난한 사람들이 부유한 사람들보다 종종 더 희생적이며, 더 많이 바친다. 예수님은 어떤 가난한 과부가 헌금함에 돈 넣는 것을 보신 후에 제자들에게 이렇게 말씀하셨다.

"예수께서 제자들을 불러다가 이르시되 내가 진실로 너희에게 이르노니 이 가난한 과부는 헌금함에 넣는 모든 사람보다 많이 넣었도다 그들은 다 그 풍족한 중에서 넣었거니와 이 과부는 그 가난한 중에서 자기 모든 소유 곧 생활비 전부를 넣었느니라 하셨더라"_막 12:43, 44.

또한 야고보 사도도 이렇게 말했다.

> "내 사랑하는 형제들아 들을지어다 하나님이 세상에서 가난한 자를 택하사 믿음에 부요하게 하시고 또 자기를 사랑하는 자들에게 약속하신 나라를 상속으로 받게 하지 아니하셨느냐"
> _약 2:5.

성경은 '만사형통의 복음'을 가르치지 않는다. 적어도 천국에 들어가기 전까지는 그렇다. 이 세상에서는 사람들의 은사와 능력이 불균등하며, 악하고 압제적인 제도가 존재한다. 그리고 세상이 이렇기에 누구보다 의로운 하나님의 백성이 종종 현세에서 부유하고 풍요로운 삶을 향유하지 못한다.

큰 청지기 사명을 맡은 사람들에 대해서 말하자면, 그들 역시 하나님 안에서 만족해야 하며, 그들의 재산이 아니라 하나님을 신뢰해야 하며, 바울과 야고보 사도가 암시하듯 더 큰 유혹에 맞서야 한다(딤전 6:9, 10; 약 2:6, 7; 5:1~6). 부유한 사람들은 가난한 사람들보다 기회가 더 많지만, 동시에 가난한 사람들(딤전 6:17~19)과 교회의 사역(눅 12:48; 고전 4:2, 14:12)에 후하게 나누어야 할 의무도 더 크다.

소유와 기회와 능력의 불균등에는 죄로 향하는 다양한 유혹이 뒤따른다. 부유한 사람들과 큰 청지기 사명을 맡은 사람들은 교만해질 수 있다. 그들은 이기적이 될 수 있으며, 스스로 지나치게 높아질 수 있다. 또 하나님이 아니라 그들의 소유를 더 신뢰할 수 있다. 다른 한편으로 하나님께 덜 받거나 작은 청지기 사명을 맡은 사람들은 탐심과 질투에 빠질 수 있다. 그들의 현재 직위나 상태를 소중히 여기지 않을 수 있으며, 하나님이 주신 소명을 소홀히 할 수 있다.

이런 것들 말고 극단적인 불균등도 있다. 소유나 능력이나 기회를 막론하고 모든 형태의 극단적인 불균등은 그 자체로 잘못된 것이다. 천국에는 가난이 존재하지 않는다. 그러므로 "가난한 자들은 항상 너희와 함께 있거니와"(요 12:8)라는 예수의 말씀은 "현세에서 항상 그렇다"는 의미로 이해해야 한다. 이 구절은 가난이 영원히 존속한다는 의미가 아니다. 가난은 아담과 하와가 죄를 범한 이후 하나님이 땅의 생산력을 저주하신 결과(창 3:17~19)로 세상에 임한 여러 가지 현상 가운데 하나다.

우리는 늘 가난한 사람들을 도울 방도를 모색해야 하

며, 그들의 가난을 극복하기 위해 노력해야 한다. 사도 요한은 "누가 이 세상의 재물을 가지고 형제의 궁핍함을 보고도 도와 줄 마음을 닫으면 하나님의 사랑이 어찌 그 속에 거하겠느냐"(요일 3:17)라고 말했다.

바울이 예루살렘에 올라가 거기 있는 다른 사도들과 회담을 나누며 이방인에게 복음을 전파하는 자신의 가르침이 타당하다는 것을 확증했을 때, 예루살렘의 사도들은 바울의 견해에 동조하면서 다만 한 가지, 가난한 자들 돌보기를 소홀히 하지 말라고 부탁했다. 바울도 본래부터 가난한 자들을 돌보는 일에 힘써왔다고 고백했다(갈 2:10; 마 25:39, 40; 행 2:45, 4:35; 롬 12:13, 15:25~27; 엡 4:28; 딛 3:14; 히 13:16).

신약성경은 특히 우리 가까이 있거나 우리 눈에 띄는 가난한 그리스도인을 도우라고 한결같이 강조한다(요일 3:17; 마 25:39, 40; 롬 15:25~27; 고후 8, 9장). 그러나 종교적 배경이 다른 사람을 도왔던 '선한 사마리아 사람'(눅 10:25~37)의 비유에서 볼 수 있듯이 가난하고 궁핍한 불신자를 돕는 것도 합당한 일이다. 예수님은 말씀과 실천을 통해 그렇게 가르치셨다.

"오직 너희는 원수를 사랑하고 선대하며 아무 것도 바라지 말고 꾸어 주라 그리하면 너희 상이 클 것이요 또 지극히 높으신 이의 아들이 되리니 그는 은혜를 모르는 자와 악한 자에게도 인자하시니라" _눅 6:35(예수께서 자신을 메시아로 믿는 사람들만 고쳐주신 게 아니라 자신에게 오는 모든 사람을 고쳐주셨다는 사실을 명심하라).

이처럼 신약성경이 가난한 사람을 도와주라고 강조한 까닭은, 이 세상에 그 자체로 선하지 못한 극단적인 형태의 불균등이 존재하기 때문이다. 이를테면 사람들이 가난(물론 가난의 정의는 문화권에 따라 다르고 같은 문화권에서도 시대에 따라 다소의 차이가 있다)해서 반드시 도움을 받아야 하는 상태가 존재한다.

극단적인 소유의 불균등 한쪽에 가난한 사람들이 있다면, 다른 한쪽에는 지나친 부를 소유한 사람들이 있다. 신약성경은 가난한 사람들을 도우라고 거듭 강조하고 있지만, 그에 상응하여 부자들에게서 재산을 빼앗으라고 명령하지 않는다. 막대한 부를 소유하는 게 그 자체로 악한 것이라고 가르치지 않는다. 단지 신약성경은 자신을 위해 지나친 부를 소비하는 것과 탐닉적인 향락과 사치에 빠지는 행위를 엄하게 경고한다.

"들으라 부한 자들아 너희에게 임할 고생을 말미암아 울고 통곡하라 … 너희 금과 은은 녹이 슬었으니 이 녹이 너희에게 증거가 되며 불 같이 너희 살을 먹으리라 너희가 말세에 재물을 쌓았도다 … 너희가 땅에서 사치하고 방종하여 살륙의 날에 너희 마음을 살찌게 하였도다"_약 5:1, 3, 5.

야고보가 모든 부자가 다 악하다고 말하는 것은 아니다. 야고보서에서 협잡과 살인에 대한 언급(약 5:4, 6)이 나오는 것으로 미루어 보아, 그가 잘못을 저지른 일부 부자들에 대해 경고하고 있음을 알 수 있다.

바울은 디모데에게 '이 세대에 부유한 자들'에게 명하여 "마음을 높이지 말고 정함이 없는 재물에 소망을 두지 말고 오직 우리에게 모든 것을 후히 주사 누리게 하시는 하나님께 두며"(딤전 6:17)라고 말했다. 바울은 부자들이 모든 재물을 다 내놓아야 한다고 말하지 않았다. 대신 부자들이 "선을 행하고 선한 사업을 많이 하고 나누어 주기를 좋아하며 너그러운 자가 되게 하라"(딤전 6:18)고 말했다.

야고보는 탐닉적인 사치와 향락에 빠지는 것에 대해 분명하게 경고했다. 탐닉적인 사치와 향락에 빠진 부자는 다른 사람에게 관심을 보이지 않고, 하나님이 막대한 재산과 더불어 주신 청지기 사명을 진지하게 생각하지 않기 때문에 그 자체로 잘못된 것이다.

부자들은 자칫 잘못하면 하나님이 맡겨주신 것을 관리하는 청지기로서 자신에게 적절하게 돈을 쓰지 못하고 다른 사람들에게 후하게 베푸는 것을 소홀히 하면서 마치 과시하듯 자신에게 과도하게 돈을 쓰는 유혹에 빠진다.

그러나 어떤 선한 것이 왜곡될 수 있다고 해서, 그것 자체가 악하다고 말하는 것은 옳지 않다. 극단적인 가난도, 극단적인 부富도, 탐닉적인 향락과 사치도 모두 선하지 않다.

그러나 그렇다고 해서, 하나님이 본래 소유의 균등을 의도하셨다거나 모든 형태의 불균등이 악하다고 말하는 것은 옳지 않다. 소유와 능력과 기회의 불균등은 천국에 가서도 우리 삶의 영원한 일부가 될 것이다. 그러므로 그것은 그 자체로 선하며, 하나님을 기쁘시게 할 수 있으며, 하나님을 영화롭게 할 많은 기회를 제공한다.

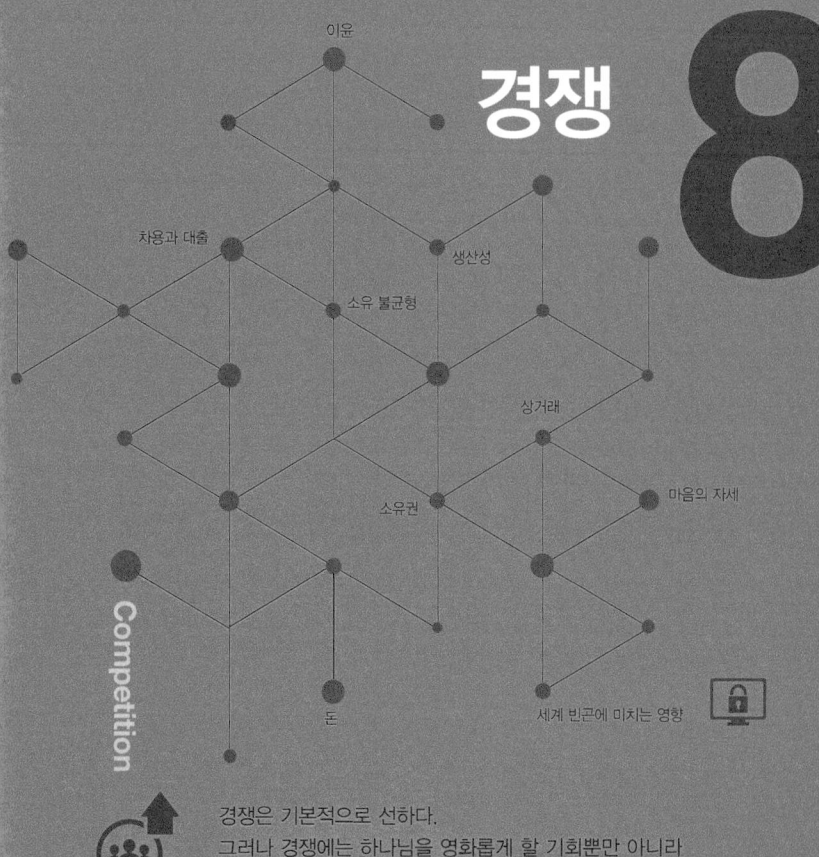

경쟁

8

경쟁은 기본적으로 선하다.
그러나 경쟁에는 하나님을 영화롭게 할 기회뿐만 아니라
죄로 향하는 유혹도 뒤따른다.

Competition

 지금까지 우리가 살펴보았던 비즈니스의 여러 국면과 마찬가지로, 경쟁 또한 오해의 대상이 되어왔다. 경쟁은 자주 왜곡되었고 악한 면모가 수반되었기에 사람들은 경쟁 그 자체가 악한 것이라고 결론을 내렸다. 그러나 그것은 사실이 아니다.

 우리는 삶의 다양한 영역에서 경쟁의 예들을 발견한다. 대부분의 사람들은 어린이 축구나 프로야구 등 종목에 상관없이 스포츠의 경쟁을 좋은 것으로 여긴다. 물론 과도하게 승부에 집착하는 지도자나 선수가 없는 것은 아니지만, 대개 우리는 스포츠의 경쟁이 좋은 제도이며, 최고의 팀이 마지막에 상을 받는 게 당연하다고 생각한다(고전 9:25, 26; 딤후 2:5에서 바울도 스포츠의 경쟁을 긍정적인 비유로 사용하고 있다).

학교에서 시험을 통해 학생의 성적을 매기는 것 또한 경쟁의 한 가지 예다. 학생들은 시험이라는 경쟁 제도를 통해 자기가 어느 과목에 흥미가 있고 자질이 있는지 깨닫게 된다. 나는 비행기를 타고 여행할 때마다 수학과 기술 과목에서 '올 에이'(All A) 학점을 받은 어떤 이들이 그 기계를 만들었다는 사실을 상기하며 그들에게 감사한다. 성적 제도는 학생들의 경쟁을 부추긴다. 경쟁은 우리 사회의 수많은 다양한 일자리에 최적의 사람을 배치함으로써 사회를 이끌어나간다.

비즈니스 세계에서도 마찬가지다. 언젠가 집에 페인트칠을 하려고 페인트공을 부른 적이 있다. 그는 미숙하고 부주의해서 하루도 못 가서 일을 그만두어야 했다. 그 다음 날, 나는 솜씨 좋은 다른 페인트공을 불렀다. 일당이 비쌌지만, 기꺼이 비용을 지급했다.

한편 미숙한 페인트공은 다른 직업을 찾아야 했다. 나는 그 페인트공에게 내일부터 나오지 말라고 통보함으로써 그를 간접적으로 도왔다. 세상은 너무 다양하고, 우리의 경제 제도는 수많은 일꾼을 필요로 한다. 그 페인트공이 다른 일을 하면서 보람을 찾고, 경제 제도의 필요를 충족시킬 것이라 확신한다. 적어도 그 '다른 일'이 페인트칠은 아닐 것이다.

모든 사회에는 신체적, 정신적 장애로 인해 자선 단체나 정부 기관 등 타자의 도움이 없으면 생산적인 일을 찾을 수 없는 사람들이 존재한다. 우리는 스스로 자신을 돌볼 수 없는 이들에게 안전망을 제공하려는 노력을 적극적으로 지원해야 한다. 그러나 비장애인들에 국한해서 말하자면, 전 세계 많은 국가가 다양하고도 생산적인 직종을 제공하고 있으며, 그 모든 사회에서 '경쟁'이 사람들이 자기 관심과 능력에 딱 맞는 일을 발견하도록 최고의 도움을 주는 장치로 작동하고 있다.

경쟁이란 우리가 자신의 능력을 테스트하고, 어떤 일을 다른 일보다 더 잘할 수 있는지 깨닫고, 그에 대한 대가를 받는 한 가지 제도다. 양질의 상품이나 노동력을 제공하는 사람이 양질의 보답을 받을 때, 경쟁 제도가 효율적으로 돌아간다.

만일 당신이 셔츠나 컴퓨터나 자동차를 싼 가격에 사려고 여기저기 돌아다닌 적이 있다면, 당신은 경쟁 제도를 승인한 것이다. 왜냐하면, 당신이 스스로 남들에게 경쟁을 불러일으켰기 때문이다.

당신은 원하는 기종을 가장 싼 가격에 생산해 공급하는 사람에게서 컴퓨터를 산다. 이는 곧 당신이 유능한 제조업자에게 힘을 실어주어 비즈니스 세계에 남도록 한다는 의미다. 그보다 덜 유능한 제조업자, 즉 컴퓨터를 비싼 가격에 제조해 비싼 가격에 판매하는 제조업자의 힘을 빼 비즈니스 세계에 남지 못하게 한다는 의미이기도 하다.

이런 현상은 매일 일어난다. 우리는 그것을 지극히 당연하게 여긴다. 이것이 우리에게 무엇을 말하는지 생각해보라. 선한 청지기로서 사명을 제대로 감당하려면 경쟁력을 갖추어야 한다.

경쟁이 주는 또 다른 유익은, 경쟁이 가속화됨에 따라 제조업자들이 더 좋은 물건을 만들게 되고, 그 결과로 (인플레이션이 적절하게 조절되었다면) 소비자 상품 가격이 장기적으로 하락세를 보인다는 것이다. 이는 경제적으로 경쟁에 충실한 사회가 높은 생활 수준을 누린다는 것을 의미한다.

나는 지난주에 CD 플레이어를 9만 원에 샀다. 지난해만 해도 12만 원에 판매되던 것이다. 컴퓨터도 그렇다. 컴퓨터의 성능은 날로 향상되는데 가격은 계속 내려간다. 그래서 전보다 더 많은 이들이 컴퓨터를 소유하게 되었다. 그리고 올해 컴퓨터를 산 사람은 지난해에 샀던 사람보다 경제적인 부담을 덜 안게 되었다. 휴대용 전자계산기가 처음 나왔을 때, 가격이 거의 10만 원이 넘었다. 그런데 요즈음은 할인매장의 계산대 앞에서 몇천 원만 내면 살 수 있다. 이런 사례들은 경쟁이 사회 전반에 어떤 유익을 주는지 잘 보여준다.

경쟁의 이점은 여기서 끝나지 않는다. 하나님은 우리를 창조하실 때, 무엇이든 잘하고자 하는 욕구와 우리가 하는 일을 개선하려는 욕구도 함께 주셨다. 경쟁은 우리를 자극해서 이러한 욕구를 성취하도록 돕는다. 다른 이들이 잘하는 것을 보면 자연히 우리도 잘하고 싶어진다.

우편물을 자동으로 분류하는 기계를 제작하는 어떤 회사의 간부에게 들은 이야기다. 그 회사의 직원들은 자기들이 세상에서 가장 빠르고 소음이 적은 기계를 만들고 있다고 자부했다. 그런데 독일의 어떤 회사에서 그들의 제품보다 더 빠르고 소음이 더 적은 기계를 발명했다.

직원들에게 그 기계를 보여주자, 그들이 자발적으로 연구 계획을 세워 더 좋은 기계를 만드는 데 진력했다. 우리가 모든 것 위에 뛰어나신 하나님을 더욱 닮을 수 있도록, 하나님은 우리에게 맡은 분야에서 최고가 되고자 하는 강한 욕구를 주어 창조하셨다.

솔로몬도 전도서 4장 4절에서 경쟁에 관해 이야기한다. 그는 다음과 같이 말할 때, 남들만큼 혹은 남들보다 더 잘하고자 하는 경쟁심을 염두에 두었다.

"내가 또 본즉 사람이 모든 수고와 모든 재주로 말미암아 이웃에게 시기를 받으니"_전 4:4.

전도서 본문에서 '시기'로 번역된 히브리어는 '키나흐'qui'āh인데, 이 용어는 문맥에 따라 도덕적으로 긍정적인 의미를 내포할 수도 있고 부정적인 의미를 내포할 수도 있다. 여기에서는 이 용어가 '경쟁심'이란 의미[5]로 사용된 듯하다.

이 구절은 어떤 것이 선하다거나 악하다고 말하지 않고, 단지 어떤 일이 일어났다고만 말한다[출애굽기 20장

17절에서 하나님이 백성에게 "탐내지 말라"라고 하셨을 때는 '짜마드'$_{chāmad}$라는 다른 용어가 사용되었다]. 사람들은 다른 사람들이 가진 것을 보고 더욱 열심히 일하겠다고, 혹은 더 나은 기술을 습득하겠다고 마음먹는다. 이런 식으로 경쟁이 사람들을 자극해서 더 훌륭한 일을 하도록 하고, 그에 따라서 사람들이 더욱 번영하고, 나아가 사회가 번영한다.

바울은 디모데에게 사람들을 집사로 세우기 전에 '시험하라'고 권면했다. 우리는 여기에서도 일종의 경쟁이 작용하고 있음을 알 수 있다.

"이에 이 사람들을 먼저 시험하여 보고 그 후에 책망할 것이 없으면 집사의 직분을 맡게 할 것이요" _딤전 3:10.

만약에 사람들이 시험에 합격했다면, 즉 책망할 것이 없다는 게 입증되었다면, 그들은 집사가 될 수 있었다. 그러나 그렇지 못하다면, 그들은 교회 내에서 다른 봉사 직분을 찾아야 했다.

하나님은 어떤 분야에서는 특정 사람들에게 더 큰 은

사를 주시고, 그와 다른 분야에서는 다른 이들에게 더 큰 은사를 주셨다. 또한 하나님은 훌륭한 일을 한 사람에게 더 큰 보상을 하심으로써 공평과 정의가 세워지는 세상을 만드셨다. 우리는 이 두 가지 사실을 통해 하나님이 경쟁이라는 제도를 허락하셨음을 알 수 있다.

우리가 마음으로 하나님께 감사하며 달란트를 최대한 사용할 때, 또한 하나님이 우리에게 허락하신 하나님을 닮는 능력을 나타내 보일 때, 경쟁은 하나님을 영화롭게 하는 많은 기회를 제공한다. 우리는 경쟁을 통해 사회에 긍정적으로 공헌하는 각자의 역할을 발견할 수 있다. 그리하여 서로에게 유익을 주는 섬김의 방식으로 그 역할을 수행할 수 있다.

이처럼 경쟁은 친절과 지혜라는 하나님의 속성이 사회적으로 기능하는 것이며, 사회가 사람들이 자신들의 삶에서 하나님의 뜻을 발견하도록 돕는 하나의 방식이다. 우리는 경쟁을 통해 다른 사람들에게, 심지어 우리와 경쟁을 하는 사람들에게까지 친절과 공평을 나타내 보일 수 있다.

반면 경쟁에는 죄로 향하는 많은 유혹이 뒤따른다. 다

른 사람들보다 일을 더 잘하려고 노력하는 것은 다른 사람을 해하려고 애쓰는 것이나 다른 사람들이 생계를 잇지 못하게 훼방하는 것과는 분명 다르다. 어떤 사람이 거리 건너편에 있는 카센터보다 더 좋은 카센터를 운영하려고 애쓴다면, 그의 동기는 전적으로 타당하다. 그러나 건너편 가게의 기술자를 험담한다거나 그 가게의 부품을 도둑질하고 그 가게를 해하려 한다면, 그것은 전적으로 잘못된 것이다.

경쟁에는 교만의 유혹이 따른다. 경쟁 자체에 몰두한 나머지 무리하게 일만 하고 가족이나 하나님을 까맣게 잊는 것이 그것이다. 인생의 가치를 왜곡하여 노동의 열매를 마음껏 즐길 수 있는 여유를 스스로 박탈하는 것도 마찬가지다.

그러나 어떤 선한 것이 왜곡될 수 있다고 해서, 그것 자체가 악하다고 말하는 것은 옳지 않다. 경쟁에 죄로 향하는 유혹이 따른다고 해서, 경쟁의 유익이 뿌옇게 가려지는 것은 아니다. 경쟁은 그 자체로 선하고, 하나님을 기쁘시게 할 수 있으며, 하나님을 영화롭게 하는 많은 기회를 제공한다.

차용과 대출 9

차용과 대출은 기본적으로 선하다.
그러나 차용과 대출에는 하나님을 영화롭게 할 기회뿐만 아니라
죄로 향하는 유혹도 뒤따른다.

Borrowing and Lending

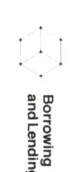

Borrowing and Lending

    구약성경에는 이자를 받고 돈을 빌려주는 행위를 반대하는 구절이 있다. 그래서 많은 그리스도인이 이자가 오가는 돈거래를 양심상 불편하게 생각한다. 그러나 그 구절을 자세히 읽고 역사적 정황 속에서 이해하면, 그 구절이 '가난한 사람들의 궁핍함을 악용하지 말라'고 금지할 뿐이라는 사실(출 22:25; 레 25:35~37; 신 23:19; 느 5:7~10; 시 15:5; 잠 28:8; 눅 6:34)을 깨달을 수 있다. 구약성경에는 빌리는 행위를 당연하게 간주하는 구절이 있다(출 22:14; 왕하 4:3). 또한, 빌려주는 과정을 구체적으로 지시하는 구절도 있다.

> "네 이웃에게 무엇을 꾸어줄 때에 너는 그의 집에 들어가서 전당물을 취하지 말고"_신 24:10.

이 구절은 빌려주는 행위를 당연한 것으로 여기는 동시에 꾸는 행위도 당연한 것으로 여긴다(꾸는 사람이 없으면 빌려주는 사람도 없다). 구약성경은 빌려주는 행위 그 자체를 금지하지 않는다. 어떤 구절은 빌려주라고 권장하면서 빌려주는 사람에게 이렇게 명령한다.

"은혜를 베풀며 꾸어 주는 자는 잘 되나니 그 일을 정의로 행하리로다"_시 112:5; 37:26 참조.

로마서 13장 8절은 "아무 빚도 지지 말라"고 말한다. 나는 이 구절이 모든 빌리는 행위를 금지하거나 빌리는 행위를 단념시키는 것으로 생각하지 않는다. 무엇을 빚졌을 때, 그것을 반드시 갚아야 한다는 것이 이 구절의 문맥상 의미다. 만일 우리가 7절과 8절의 연결 관계를 충분히 고려하면서[최근에 발행된 ESV English Standard Version 성경이 그러한데] 이 구절을 문맥에 맞추어 읽는다면, 다음과 같이 된다.

"여러분이 세금을 내는 이유도 바로 이것입니다. 질서가 유지되도록 하기 위해서입니다. 시민으로서 여러분의 의무를 다하십시오. 세금을 내고, 청구서를 지불하고, 지도자들을 존중하십시오. 여러분은 서로에 대해 지고 있는 커다란 사랑의 빚 말고는 더는 빚을 지지 마십시오. 여러분이 사람을 사랑하면, 여러분은 율법의 최종 목적을 완성하는 것입니다"_롬 13:6~8 참조.

ESV 영어성경에서 명백히 드러나듯, "아무 빚도 지지 말라"는 명령은 앞 절에 열거한 것처럼 두려움이든 존경이든 세금이든 무엇이든 단지 빚을 졌으면 반드시 갚으라는 의무를 요약한 것이다. 그러므로 만일 내가 집을 저당 잡혔다면, 지급 기한이 되었을 때 반드시 돈을 갚아야 한다. 나는 집을 저당 잡혔어도, 지급 기한이 도래하기 전까지는 저당권자에게 빚진 것이 아니다. 비록 내가 돈을 빌렸고 장기 채무를 진 상태에 있지만, 나는 로마서 13장 8절의 "아무 빚도 지지 말라"는 말씀에 순종하고 있다. 왜냐하면, 내가 지금 기한을 넘긴 것이 아니며, 지불 약속을 이행하지 않은 게 아니기 때문이다.

물론 때로는 빌리는 행위가 현명하지 않을 수도 있다 (잠 22:7). 빚지면 빚쟁이의 종이 될 수도 있다(신 28:12).

빌리는 능력을 악용해 과도한 빚을 질 수도 있으며, 악인처럼 꾸기만 하고 갚지 않을 수도 있다(시 37:21). 빌리기를 좋아하다 부채에서 벗어나기 힘든 어려운 상황에 빠질 수도 있다(출 22:14). 하지만 성경은 빌리는 행위 그 자체가 그르다고 말하지 않는다.

내가 보기에는 하나님이 빌려주고 빌리는 행위 그 자체를 금지하신 것은 아닌 것 같다. 그런 행위들을 당연한 것으로 인정하는 구절이 성경 곳곳에서 발견된다.

예수님은 구약성경의 여러 구절이 명령하듯 생계를 꾸려나가기에도 빠듯한 가난한 사람들이 아니라, 더 큰 돈을 불리기 위해 우리에게 돈을 빌리고자 하는 은행에 이자를 받고 돈을 빌려주는 행위를 인정하셨다.

"그러면 어찌하여 내 돈을 은행에 맡기지 아니하였느냐 그리하였으면 내가 와서 그 이자와 함께 그 돈을 찾았으리라 하고"
_눅 19:23; 마 25:27 참조.

우리가 빌려주고 빌리는 게 무엇인지 확실하게 이해하면, 그 과정이 하나님이 '인간 된' 우리에게 주신 놀라운 선물임을 깨달을 것이다. 빌리고 빌려주는 과정은 오직 인간만이 소유한 독특한 행위다. 동물들은 빌릴 줄도, 빌려줄 줄도, 이자를 주고받을 줄도 모르며 그 과정을 이해할 줄도 모른다.

그렇다면 빌려주는 것은 무엇이고 또 빌리는 것은 무엇인가? 빌려준다는 것은 재산의 소유권이 아니라 사용권을 임시로 이전한다는 의미가 있다. 빌려주는 사람은 이 놀라운 과정 덕택에 다음 세 가지 요소와 관련해서 다양한 선택권을 갖는다.

(1) **사용**: 나는 물건을 그냥 갖고 있는 것과 처분하는 것 사이에서 무한대의 다양한 선택을 할 수 있다. 나는 자동차를 당신에게 빌려주어 당신이 용건을 보러 나갈 때 같이 나갈 수 있고, 아니면 당신이 잠깐 용건을 볼 수 있게 내 자동차를 빌려줄 수 있다. 아니면 하루나 일주일, 혹은 기한 없이 무제한으로 빌려줄 수도 있다.

(2) **분량**: 나는 당신에게 작은 물건(주머니칼 같은 것)을 빌려줄 수도 있고, 아니면 큰 물건(자동차나 집 같은 것)을 빌려줄 수도 있다. 그 밖에도 내가 선택할 수 있는 범위는 무한대로 다양하다.

(3) 위험성: 내 아내에게 자동차 키를 빌려줄 때는 위험 부담이 적다. 하지만 생전 처음 보는 사람에게 자동차 키를 빌려줄 때는 위험 부담이 매우 크다. 그 밖에도 내가 선택할 수 있는 범위는 무한대로 다양하다.

빌리는 사람 또한 어떤 물건을 전혀 사용하지 않는 것과 그 물건을 완전히 소유하는 것 사이에서 무한대의 다양한 선택을 할 수 있다. 나는 자동차를 하루나 일주일, 한 달 내내 빌릴 수 있으며, 그것을 거의 사용하지 않거나 조금 사용할 수도, 내 것이 아니지만 내 것처럼 아주 많이 사용할 수도 있다.

빌려주고 빌리는 과정은 사회의 모든 부富의 유용성을 증대시킨다는 중대한 가치를 갖고 있다. 우리 동네 도서관에는 어떤 참고 도서가 딱 한 권 비치되어 있다. 해마다 약 300명이 그 책을 빌려본다. 한 권의 책이 우리 동네에 300권의 책이 있는 것과 같은 효과를 나타내고 있다.

애리조나의 우리 집에는 자동차가 있다. 나는 비행기를 타고 먼 타지에 가야 할 때, 자동차를 가지고 가지 않는다. 왜냐하면 빌려주고 빌리는 과정 덕택에 아무리 먼 도시를 가도 하루나 이틀 자동차를 빌려 마음껏 사용할 수 있기 때문이다. 이처럼 빌리고 빌려주는 놀라운 과정이 존재하는 덕택에 나는 수천 대의 자동차를 소유한 것과 같은 이득을 볼 수 있다. 세계 어느 나라, 어느 도시를 가든 자동차를 빌려 사용할 수 있다. 나뿐 아니라 모든 사람이 그런 혜택을 누릴 수 있다. 호텔 방, 아파트, 호숫가의 통나무 집, 보트, 결혼 예복 등 한시적으로 빌릴 수 있는 모든 것이 사회 구성원 모두에게 이와 같은 혜택을 선사한다. 이렇게 빌려주고 빌리는 과정이 이 세상의 모든 사용 가능한 부를 측량할 수 없을 정도로 엄청나게 증대시키는 것이다.

돈을 빌려주고 빌릴 때도 이와 같은 혜택이 발생한다. 내가 집을 사거나 비즈니스를 하려고 돈을 빌릴 때, 나는 그 돈이 실제로 내 것이 아니지만, 일정 기간 마음껏 사용할 수 있다. 나는 자동차를 빌렸을 때 빌린 값을 지급하는 것처럼, 돈을 빌렸을 때도 빌린 값(이 돈을 소위 '이자'라고 한다)을 지급한다. 필요한 모든 돈을 버는 것보다 돈을 빌려 한시적으로 사용하는 게 훨씬 더 간편하고 쉬운 방법이다.

우리 사회에 돈을 빌려주고 빌리는 합법적 수단이 있

다는 사실은, 많은 사람이 자동차를 빌릴 수 있듯이 돈을 빌릴 수 있다는 것을 의미한다. 아주 간단한 예를 들자. 어떤 은행의 지하 금고에 9천만 원이 있다. 그 돈은 아무에게도 도움을 주지 못하고 벌써 몇 년째 거기서 썩고 있다. 당신은 1억 원짜리 집을 사려고 하는데 재산은 1천만 원밖에 안 된다. 만약 그 집을 사기 위해 나머지 9천만 원을 벌어야 한다면, 월급쟁이 생활에 몇 년이 걸릴지 답이 안 나온다. 그런데 은행에서 9천만 원을 대출받는다면, 그 돈은 당신에게 유익을 준다. 당신이 대출받은 돈으로 집을 샀기 때문이다. 당신은 돈을 빌린 대가로 은행에 연간 6%의 이자를 지급한다. 당신도 좋고, 은행도 좋다.

9천만 원 이야기가 여기서 끝나는 게 아니다. 당신은 그 집 소유주에게 1억 원을 지급한다. 그런데 그 소유주가 주택 매각 대금 1억 원 가운데 8천만 원을 다시 그 은행에 저금해서 은행 금고에는 8천만 원이 비치된다. 이번에 은행에서는 B라는 사람에게 7천만 원을 빌려준다. B는 7천만 원을 빌려 8천만 원짜리 집을 산다.[6]

그 집의 소유주는 주택 매각 대금 8천만 원 가운데 6천만 원을 그 은행에 저축한다. 이번에 은행에서는 C라는 사람에게 5천만 원을 대출한다. 여기까지만 살펴보면, 은행 금고에 잠자고 있던 무용한 돈이 세 차례에 걸쳐 돌고 돌아 세 사람이 집을 살 수 있도록 해주었다. 이런 과정은 계속 진행될 수 있다. 이렇게 돈을 빌려주고 빌리는 과정이 수십 번, 수백 번 진행되면서 돈의 유용성이 엄청나게 증대된다(그동안의 이자와 다양한 경제 변수를 고려해 원금이 몇 배로 증대되었는지 산출하는 것은 경제학자의 몫이므로 여기서는 다루지 않겠다).

이 과정은 실체가 없는 속임수가 결코 아니다. 당신은 실제로 9천만 원을 지급했고, 다른 도시에 가서 렌터카를 사용하는 것처럼 실제로 그 집에서 살고 있다. 차이가 있다면, 렌터카를 사용하면서 동시에 주인에게 돌려줄 수 없는 것과 달리, 돈은 사용하면서 동시에 주인에게 돌려줄 수 있다는 점이다.

비즈니스를 시작할 때도 마찬가지다. 처음부터 충분한 돈을 갖고 비즈니스를 시작하는 사람은 거의 없다. 대부분 은행에서 돈을 빌려 비즈니스를 시작하고, 비즈니스를 하면서 번 돈으로 은행 채무를 갚는다. 소규모 비즈니스를 위한 소액 대출은 전 세계 많은 국가의 가난한 사람들에게 엄청난 영향을 끼친다.[7] 돈을 빌려주고 빌리는 경이로운 과정을 통해 돈의 유용성이 증대되어, 가난한 사람들이 빈곤에서 탈출하기 위한 전문적인 비즈니스와 일을 시작할 수 있다.

돈을 빌려주고 빌릴 수 없다면, 그래서 오직 수중에 있는 돈으로만 모든 것을 해결해야 한다면, 가난한 국가의 국민뿐 아니라 부유한 국가의 국민의 삶도 심각한 수준으로 하락하게 될 것이다. 돈을 빌려주고 빌리는 제도가 존재한다는 사실은 곧 전 세계의 사용 가능한 상품과 용역의 총량이 수백, 수천만 배로 증대된다는 것을 의미한다.

우리가 이런 식으로 돈을 빌려주고 빌림으로써 하나님이 창조하신 세상을 훨씬 더 풍요롭게 누릴 수 있으며, 이 모든 것들로 인해 하나님께 감사할 이유와 하나님을 영화롭게 할 기회들이 증대된다.

우리는 돈을 빌려주고 빌리면서 하나님의 많은 속성을 나타낸다. 우리는 돈을 빌려주고 빌림으로써 진실성과 충실한 청지기 직분, 정직, 지혜, 감사, 먼 장래에 대한 지식, 사랑, 자비를 나타내 보일 수 있다.

그러나 돈을 빌리는 데에는 죄로 향하는 많은 유혹이 뒤따른다. 우리가 모두 잘 알고 있듯이, 오늘날 많은 사람이 필요한 액수 이상, 혹은 갚을 능력 이상으로 많은 돈을 빌리는 유혹에 빠지고 있다. 그들은 어리석게도 원금은 고사하고 이자도 지급하지 못해 허덕인다. 이로 인해 그들은 얼마 안 되는 돈마저 탕진하고, 청지기 직분을 제대로 감당하지 못하고, 채무에 채무가 쌓이는 생활 수준 하향의 악순환에 갇히고 만다. 돈을 빌려주는 사람도 예외가 아니다. 돈을 빌려주는 사람은 탐욕과 이기적 욕심에 빠지기 쉽다. 어떤 사람들은 채무 변제의 가능성이 거의 보이지 않는 사람들에게 돈을 빌려주어, 가난과 곤궁에 빠진 사람들을 이용하기도 한다.

비즈니스를 하는 사람들은 '수금'이 가장 큰 문제라고 말하곤 한다. 고객들이 약속한 날짜에 돈을 지급하지 않는다는 것이다. 성경을 하나님 말씀으로 믿는 모든 그리스도인은 약속한 날짜에 반드시 돈을 갚으라고 하나님이 말씀하셨다는 사실을 반드시 깨달아야 한다. "아무 빚도 지지 말라"(롬 13:8)는 말씀은 제때에 돈을 갚아야 한다는 의미를 내포한다.

성경은 지불 기한이 되었어도 돈을 갚지 못하는 사람들을 부정적인 시각으로 본다. 성경은 "악인은 꾸고 갚지 아니하나 의인은 은혜를 베풀고 주는도다"(시 37:21)라고 기록하고 있다. 약속한 날짜에 돈을 갚지 못한다는 것은 곧 약속을 지키지 않는다는 것이요, 이는 언제나 자기 말씀을 지키시는 우리의 창조주 하나님의 이름을 더럽히는 것이다.

그러나 어떤 선한 것이 왜곡될 수 있다고 해서, 그것 자체가 선하지 않다고 말하는 것은 옳지 않다. 인간들 특유의 빌려주고 빌리는 놀라운 능력은 그 자체로 선하고, 하나님을 기쁘시게 할 수 있으며, 하나님을 영화롭게 할 많은 기회를 제공한다. 빌려주고 빌리는 것이 이렇게 선한 것이기에, 천국에서도 가난을 극복하기 위해서가 아니라 하나님을 즐거워하고 영화롭게 할 능력을 증대시키기 위해 빌려주고 빌리는 행위(물론 이자율이 얼마가 될지는 전혀 모르겠지만)가 존속될는지도 모른다.

마음의 자세

이윤
경쟁
생산성
소유 불균형
상거래
소유권
차용과 대출
돈
세계 빈곤에 미치는 영향

Attitudes of Heart

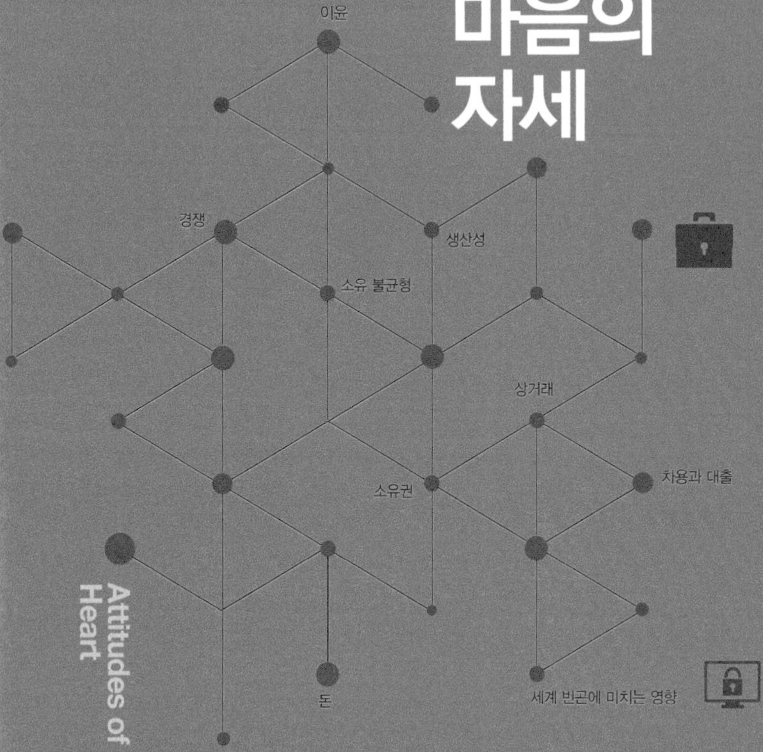

비즈니스는 기본적으로 선하다.
그러나 우리는 하나님이 훨씬 선하시다는 사실을 명심해야 한다.
재물이 아니라 하나님께 우리 마음을 집중해야 한다.

10

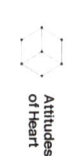

    하나님이 우리의 행위뿐 아니라 마음의 태도에 관심을 두고 계시다는 사실을 상기하면서 십계명의 마지막 계명을 살펴보자. 하나님은 다음과 같이 말씀하셨다.

"네 이웃의 집을 탐내지 말라 네 이웃의 아내나 그의 남종이나 그의 여종이나 그의 소나 그의 나귀나 무릇 네 이웃의 소유를 탐내지 말라"_출 20:17.

    앞에서도 종종 지적했지만, 비즈니스 행위의 모든 국면에서 하나님이 우리 마음을 감찰하신다. 따라서 우리는 하나님이 흡족해하실 만한 마음가짐으로, 하나님을 영화롭게 해야 함을 상기하면서 비즈니스 행위의 다양한 국면을 분석하는 우리의 작업을 마무리하는 게 적합하다고 본다.

"나의 반석이시요 나의 구속자이신 여호와여 내 입의 말과 마음의 묵상이 주님 앞에 열납되기를 원하나이다"_시 19:14.

"하나님이 이를 알아내지 아니하셨으리이까 무릇 주는 마음의 비밀을 아시나이다"_시 44:21, 눅 16:15, 행 15:8 참조.

재산을 소유하면서 청지기 사명을 수행하고 비즈니스를 통해 하나님을 영화롭게 하려면, 교만을 멀리하고 하나님과 다른 사람들 앞에서 사랑과 겸손으로 가득한 마음을 소유하기 위해 힘써야 한다. 우리는 다른 사람을 위해 상품이나 용역을 생산할 때나 우리 자신의 유익을 위해 그 모든 것을 사용할 때, 이 모든 것을 주신 하나님의 선하심에 감사하는 마음을 지녀야 한다. 우리는 어떤 사람을 위해 일할 때 하나님께 하듯 해야 한다. 하나님이 이렇게 말씀하셨다.

"무슨 일을 하든지 마음을 다하여 주께 하듯 하고 사람에게 하듯 하지 말라 이는 기업의 상을 주께 받을 줄 아나니 너희는 주 그리스도를 섬기느니라"_골 3:23, 24.

다른 사람이 우리를 위해 일할 때, 그들을 하나님의 형상을 따라 창조된, 우리와 같은 가치를 지닌 존재로 인식해야 한다. 또한 우리만 유익을 얻을 게 아니라 그들도 유익을 얻도록 진정으로 소망해야 한다. 우리는 돈을 벌고 이윤을 창출했을 때 하나님께 감사해야 한다. 절대 돈이나 이윤을 사랑하면 안 된다. 우리는 오직 하나님과 다른 사람을 사랑해야 한다.

모든 비즈니스 행위가 우리 마음을 테스트한다. 하나님이 비즈니스를 통해 우리에게 주시는 선한 것들은 실로 선하다. 그러나 우리는 하나님이 그것들보다 훨씬 더 선하시다는 사실을 명심해야 한다. 하나님이 주시는 물건이 아니라 하나님께 우리 마음을 집중해야 한다. 다윗은 "포악을 의지하지 말며 탈취한 것으로 허망하여지지 말며 재물이 늘어도 거기에 마음을 두지 말지어다"(시 62:10)라고 말했고, 다른 시편 기자는 "하늘에서는 주 외에 누가 내게 있으리요 땅에서는 주 밖에 나의 사모할 이 없나이다"(시 73:25)라고 노래했다.

우리 마음이 하나님께 향했는가, 아니면 하나님이 주시는 것들에 향했는가? 예수님은 "네 마음을 다하고 목숨을 다하고 뜻을 다하여 주 너의 하나님을 사랑하라"(마 22:37)라고 말씀하셨으며, "너희가 하나님과 재물을 겸하여 섬기지 못하느니라"(마 6:24)라고 경고하셨다.

하나님을 사랑하는 마음으로 주변에서 벌어지는 비즈니스 행위들을 바라본다면, 온갖 악한 것이 선한 것과 섞여 있음을 보게 될 것이며, 그럴 때 우리 마음이 슬퍼질 것이다. 또한, 사람들이 하나님의 명령에 순종하지 않고 하나님의 뜻을 어기는 것을 볼 때 우리 마음이 슬픔과 아픔으로 가득할 것이다. 그러나 또한 우리는 하나님이 조성하신 세상의 아름다움과 놀라움으로 인해 기뻐할 것이다. 그리고 비즈니스 행위 그 자체가 선하고 하나님을 영화롭게 하는 것이 되도록 많은 방법을 지혜롭게 설계하신 하나님의 놀라우신 지혜로 인해 감사와 찬양을 드릴 것이다.

세계 빈곤에 미치는 영향

비즈니스는 일자리를 창출하여 이웃 사랑을 실천하는 일이며,
세계의 빈곤을 해결할 유일한 해결책이다.
이것이야말로 하나님을 영화롭게 하는 놀라운 일이 아닌가!

11

Effect on World Poverty

나는 지금까지 당신에게 비즈니스 행위를 구성하는 많은 요소에 대한 태도를 바꾸도록 격려해 왔다. 당신이 비즈니스에 대해 막연한 죄책감 같은 것을 느끼거나, 비즈니스란 적어도 복음을 전진시키는 좋은 수단이 되기 때문에 비즈니스가 도덕적으로 중립적이라고 단순하게 생각하지 않았으면 좋겠다.

물론 나 역시 비즈니스가 복음 전파를 촉진하는 훌륭한 수단이라는 점에 전적으로 동의한다. 아울러 전 세계 많은 사람이 비즈니스를 통해 복음을 전파하는 데 물질적으로, 인격적으로 이바지하고 있다는 것을 매우 기뻐하고 하나님께 감사하고 있다.

그러나 나는 이 책에서 그 이상의 무엇을 줄곧 지향해 왔다. 나의 소망은 당신이 비즈니스 행위에 대해 막연한 죄책감을 느끼지 않고, 하나님께 순종하며 추구하는 비즈니스 그 자체의 선함을 기뻐하기를 바란다. 나는 당신이 다음 사항들로 인해 하나님을 즐거워하고 하나님께 감사하기를 원한다.

1. 소유권
2. 생산성
3. 고용
4. 상거래
5. 이윤
6. 돈
7. 소유 불균형
8. 경쟁
9. 차용과 대출

그런데 이 대목에서 어떤 사람은 "그렇다면 가난한 자들은 어떻게 되는가?"라고 질문할 것이다. 아무것도 소유한 것이 없는 사람, 돈이 없는 사람, 살 수도 팔 수도 없는 사람, 그래서 이윤을 획득할 수 없는 사람, 경쟁할 기회조차 얻지 못한 사람은 어떻게 되는가? 이 모든 것이 그들에게 무슨 유익이 된다는 말인가?

앞서 7장에서 말했듯이, 우리는 언제나 가난한 사람들을 돕기 위해 힘써야 하며, 그들이 빈곤을 극복하도록 함께 노력해야 한다. 사도 요한은 "누가 이 세상의 재물을 가지고 형제의 궁핍함을 보고도 도와 줄 마음을 닫으면 하나님의 사랑이 어찌 그 속에 거하겠느냐"(요일 3:17)라고 말했다. 바울은 "다만 우리에게 가난한 자들을 기억하도록 부탁하였으니 이것은 나도 본래부터 힘써 행하여 왔노라"(갈 2:10, 마 25:39, 40; 행 2:45, 4:35; 롬 12:13, 15:25~27; 엡 4:28; 딛 3:14; 히 13:16 참조)라고 천명했다.

그러나 가난한 자를 생각한다는 것은 구체적으로 무엇인가? 궁핍한 형제에게 마음을 연다는 것은 구체적으로 무엇인가? 음식이나 의복을 줄 수 있다. 그렇다. 그것은 옳은 일이다. 그러나 음식은 먹으면 없어지고, 옷은 입으면 닳기 때문에 장기적인 해결책이 되지 못한다.

나는 비즈니스가 세계의 빈곤을 해결하는 장기적인 해결책이라고 믿는다. 비즈니스가 물건을 생산하고 일자리를 창출하고, 또한 물건을 생산하고 일자리를 창출하는 일을 오랫동안 지속하기 때문이다. 그러므로 나는 세계의 빈곤을 장기적으로 해결하려면, 생산적이고 이윤을 낳는 비즈니스를 시작해서 운영해야 한다고 믿는다.

이는 먼저 가난한 국가들과 저개발 국가들의 가난한 지역에서 비즈니스를 시작하는 것을 통해 이루어질 것이다. 이보다는 덜 가시적이지만, 능률과 생산성을 향상해 세계 상품 시장에서 양질의 상품이 싼 가격에 거래되게 하는 것도 빈곤을 극복하기 위한 훌륭한 방법이 된다. 선진국의 경쟁적으로 이윤을 창출하려는 기업들이 태양 에너지로 작동되는 휴대용 전자계산기의 가격을 10만 원에서 몇천 원까지 낮추어서 23만 7천 원의 소액 대출을 받은 영세업자들이 휴대용 전자계산기를 부담 없이 사용하게 된 것이 바로 그 예이다.

그런데 이것이 사실이라면, 즉 비즈니스를 올바로 추구하는 것이 세계의 빈곤을 해결하는 방법이라면, 비즈니스가 세상의 빈곤을 아직도 해결하지 못한 까닭은 무엇인가? 한 가지 확실한 것은 장애가 너무 많다는 것이다.

앞에서 언급했다시피, 세계의 많은 빈곤한 국가의 정부가 과도한 규제와 관료적 형식주의로 기업가들이 재산이나 기업체를 합법적으로 소유하지 못하게 막고 있다. 그에 따라 경제 성장이 원천적으로 봉쇄되고 있다.[8]

정치권력과 결탁한 소수의 사람이 사업권을 독점해 다른 사람들이 비즈니스를 시작하지 못하게 애초부터 막고 있는 것도 또 다른 장애로 작용하고 있다. 개인 소유를 인정하지 않고 나라의 모든 부富를 국가 소유로 몰수해 '비즈니스'가 가난을 극복하도록 돕지 못하게 훼방하는 사악한 정부도 또 다른 장애다. 오직 정부의 권력만을 강화하기 위해 비즈니스를 방해하고 파괴하는 억압적인 정부 역시 큰 장애다.[9]

범죄나 사기를 처벌하지 않고[10], 계약관계를 강화하지 않으며, 건전한 금융제도나 사법제도를 확립하지 않는 악독한 정부도 비즈니스가 가난의 문제를 해결하지 못하게 가로막는 또 하나의 장애다.

이런 것들은 매우 중대한 문제지만, 권력을 잡은 자들이 이웃을 내 몸과 같이 사랑하기로 결단할 때, 그들이 권력과 특권을 유지하기보다 국가의 이익을 앞세울 때 극복될 수 있는 문제들이다.[11]

나는 비즈니스 행위가 세계의 빈곤을 아직도 해결하

지 못한 데에는 더 중요한 이유가 있다고 생각한다. 그것은 바로 전 세계 모든 나라에서 공통으로 나타나고 있는 비즈니스에 대한 부정적 태도다. 이러한 부정적 태도가 앞에서 언급한 다른 문제들을 초래할 뿐만 아니라 한층 더 악화시키고 있다.

만약 사람들이 비즈니스를 악한 것으로 생각한다면, 그들은 비즈니스를 시작하는 것을 주저할 것이고, 비즈니스를 시작했을지라도 그것에 종사하는 기쁨을 온전히 누릴 만한 자유를 갖지 못할 것이며, 언제나 엉뚱한 죄책감이라는 흐릿한 연기 아래서 괴로워할 것이다. 어떤 사람이 스스로를 사악한 물질주의자로 인식한다면, 즉 자신이 노동자들을 착취하거나, 사람들의 사악한 탐욕을 키우는 물건을 생산함으로써 자신의 사악한 교만을 한층 더 강화하고, 사악한 소유의 불균등을 견고하게 유지하거나, 사악한 경쟁력을 키우며, 사악한 돈으로 사악한 이윤을 획득하기 위해 일하고 있다고 인식한다면, 이 세상 그 누가 자신을 흡족하게 생각할 것인가? 그리고 누가 그렇게 사악한 비즈니스를 추구하기 위해 자신의 일생을 바치겠는가? 이 세상 어떤 정부가 비즈니스라는 그런 악한 것을 장려할 정책과 법률을 제정하겠는가? 만약 비즈니스가 악한 것이라면, 당장 무거운 세금을 물리고 강력하게 규제해 이 땅에서 사라지게 해야 하지 않을까?

비즈니스의 모든 국면이 그 자체로 악한 것이라는 그릇된 태도 때문에 비즈니스 행위가 여러 면에서 장애에 부딪치고, 그에 따라 세상에 가난이 여전히 존속하는 것이다(만일 사탄이 하나님에 의해 창조된 인간들이 평생 '가난'이라는 질색할 만한 족쇄에 갇혀 지내기를 바란다면, 사람들로 비즈니스가 그 자체로 악한 것으로 생각하게 해 비즈니스 세계에 뛰어드는 것을 회피하게 하고, 비즈니스 이야기가 나올 때마다 번번이 반대하게 하는 것보다 더 효과적인 방책을 생각해내지 못할 것이다. 나는 비즈니스의 왜곡된 국면이나 남용된 형태에 대해서는 당연히 부정적 태도를 지녀야 한다고 생각한다. 그러나 비즈니스 그 자체에 대해 부정적 태도를 견지하는 것은, 하나님의 백성이 하나님의 뜻을 이루는 것을 훼방하기 위해 사탄이 늘어놓는 거짓말이라고 믿는다).

만약 그리스도인이 비즈니스에 대한 이전의 태도를 바꾼다면, 비즈니스에 대한 세상의 태도를 바꾸기 시작한다면 어떻게 될까?

비즈니스에 대한 사람들의 태도가 내가 지금까지 설명한 방식대로 바뀐다면, 하나님을 기쁘시게 하고, 하나님이 선하신 뜻으로 창조하신 세상의 물질을 기쁘게 사용하며, 하나님이 주신 '돈'이라는 선물을 갖고 도덕적으로 선한 이윤을 획득하기 위해 열심히 일하는 땅의 정복자가 되기를 거부하는 사람이 어디 있겠는가?

또한, 비즈니스에 대한 사람들의 태도가 내가 지금까지 설명한 방식대로 바뀐다면, 세계의 가난을 극복하고, 하나님을 영화롭게 하고, 소유의 정당하고 공정한 불균등을 유지하며, 도덕적으로 선하고 유익한 경쟁을 독려할 재화財貨들을 생산함으로써, 그리고 이웃에게 일자리를 줌으로써 이웃에 대한 사랑을 입증하는 땅의 정복자가 되기를 거절할 사람이 어디 있을까? 이 얼마나 놀랍고 멋진 일인가! 이것이야말로 세계의 빈곤을 해결할 유일한 해결책이 아닌가! 이것이야말로 하나님을 영화롭게 하기 위한 대단한 방법이 아닌가!

후주

● **1장**

1. 헤르난도 디 소토(Hernando de Soto)의 「자본의 신비: 자본주의가 서구에서 성공하고 다른 지역에서 실패한 원인」(*The Mystery of Capital: Why Capitalism Triumphs in the West and Fails Everywhere Else*, New York: Basic Books, 2000)을 참조하라. 소토가 이끄는 연구팀은 페루의 수도 리마의 외곽에 작은 옷가게를 열려고 했다. 그들은 당국의 허가를 받기 위해 하루 6시간씩 관공서를 뛰어다녔고, 결국 289일이 지나 겨우 허가를 받았다. 거기에 1천 231달러의 비용이 들어갔는데, 그 액수는 노동자의 월 최저 임금의 31배에 해당하는 금액이었다. 그들은 이렇게 덧붙였다.

"국가 소유의 땅에 주택을 짓기 위해 건축허가를 받는 데 6년 11개월이 걸렸으며, 52개 관공서에 207가지의 행정 서류를 제출해야 했다.…그 땅을 개인소유로 등기하는 데는 728가지의 서류가 필요했다."

그들은 이집트, 필리핀, 아이티 같은 국가에서도 미로처럼 얽힌 행정 절차가 국민이 부동산을 소유하는 데 커다란 장애로 작용한다는 점을 상술하면서 제3세계 국가 대다수의 국민이 부동산이나 기업체를 합법적으로 소유하는 것이 거의 불가능하다고 결론 맺었다.

● **6장**

2. Wayne Grudem, *Systematic Theology: An Introduction to*

Biblical Doctrine (Leicester, U.K.: InterVarsity, and Grand Rapids, Mich.: Zondervan, 1994).

3. *The American Heritage Dictionary of the English Language* (Boston: Houghton Mifflin, 1992), 1166.

● 7장

4. 고전 3:12~15; 단 12:2; 마 6:10, 20, 21, 19:21; 눅 6:22, 23, 12:18~21, 32, 42~48, 14:13, 14; 고전 3:8, 9:18, 13:3, 15:19, 29~32, 58; 갈 6:9, 10; 엡 6:7, 8; 빌 4:17; 골 3:23, 24; 딤전 6:18; 히 10:34, 35, 11:10, 14~16, 26, 35; 벧전 1:4; 요이 1:8; 계 11:18, 22:12; 마 5:46, 6:2~6, 16~18, 24; 눅 6:35 참조.

● 8장

5. Koehler-Baumgartner, *Hebrew and Aramaic Lexicon of the Old Testament*, 1110.

● 9장

6. 물론 은행이 보유하고 있는 모든 돈을 대출에 충당할 수 있는 것은 아니다. 그랬다가는 은행은 도산한다. 그래서 정부에서는 은행 자산 가운데 일정 비율만 대출할 수 있도록 법으로 정하고 있다. 이 사례에서는 복잡한 것을 피하고자 그런 사항은 고려하지 않았지만, 대출의 일반 원칙은 적용된다.

7. 일리노이즈 오크 부르크에 있는 '오퍼튜니티 인터내셔널'(Opportunity International) 은행의 선구자적인 연구에서 소액 대출의 유용성을

입증하는 훌륭한 예를 발견할 수 있다. 그들은 2002년에 총 53만 6천 33건의 소액 대출을 했다. 평균 금액은 237달러(약 23만 7천 원)였다. 이 연구는 가판에서 꽃이나 사탕, 빵, 옷감, 수공예품 등을 판매하는 영세업자들이 소액 대출을 받았다고 보고했다. 이 은행에서는 시세 이자에 따라 돈을 대출했는데, 대출금 회수율은 98%에 달했다. 그들은 이 소액 대출이 80만 개의 일자리를 창출했으며, 이를 통해 400만 명의 생활에 큰 영향을 끼쳤다고 평가했다 (Opportunity International, "Compassionate Capitalism", by Jack Kemp and Christopher Crane, *Washington Times*, Aug. 27, 2003).

● **11장**

8. 후주(後註) 1을 참조하라.
9. 일례로, 〈월 스트리트 저널〉(*Wall Street Journal*)은 현대 러시아가 기업가들에게 적대적 환경을 제공하고 있다고 지적했다.
"러시아에서는 비밀경찰이 아무런 제재 없이 원할 때마다 비즈니스에 간섭할 수 있다. 지방 검사들이 주지사와 시장의 기대에 부응하기 위해 기업체를 공격하는 임무에 매달리는 동안, 법무부 장관 사무실에서는 크렘린의 명령에 따라 과두체제 지지자들과 커다란 기업체들을 고발하는 도장을 남발한다"("KGB State", by Gary Kasparov, *Wall Street Journal*, Sept. 18, 2003, A16).
10. 이러한 문제 역시 현대 러시아에서 발견된다. 러시아에서는 마피아가 국가 경제의 큰 부분을 장악하고 있다는 보도가 종종 들린다.
11. 한 국가가 경제 성장을 지속하는 데 필요한 법률적, 사회적 요소들을 약술한 연구 보고가 매우 많다. 일례로, 브라이언 그리피드

스(Brian Griffiths)의 「부의 창조」(*The Creation of Wealth*, London: Hodder and Stoughton, 1984; Downers Grove Ill.: InterVarsity, 1985)를 참조하라.